国家知识产权局公报

GAZETTE OF CHINA NATIONAL INTELLECTUAL PROPERTY ADMINISTRATION

2024 年第 1 期（总第 61 期）

目　　录

主办单位：国家知识产权局办公室
编　辑　者：《国家知识产权局公报》编辑部
通　信　处：北京市海淀区蓟门桥西土城路 6 号
邮政编码：100088
电　　　话：（010）82000887

出版发行：知识产权出版社有限责任公司
发行部地址：北京市海淀区气象路 50 号院
邮政编码：100081
电　　　话：（010）82000893

统计数据 · 61

CONTENTS

Announcements · 1

Documents · 29

Statistics · 61

公告

国家知识产权局公告

（第五六四号）

根据《地理标志产品保护规定》，生产沁州黄小米、山西老陈醋、大连海参、阜新玛瑙、梁山西瓜（小梁山西瓜）、盘锦大米、苏家屯大米（红菱大米）、林芝灵芝、西藏藏红花、西藏那曲冬虫夏草、青海冬虫夏草、贺兰山东麓葡萄酒、彭阳红梅杏、哈密瓜、和硕葡萄酒、吐鲁番葡萄干等16个产品的47家企业，分别向产品所在地知识产权管理部门提出地理标志专用标志使用申请。经有关省级知识产权管理部门审核，并经国家知识产权局审查认定，现予注册登记。自即日起核准上述企业在其生产的地理标志产品上使用地理标志专用标志，获得地理标志产品保护。

特此公告。

附件：47家核准使用地理标志专用标志企业名单

国家知识产权局

2024年1月24日

附件

47家核准使用地理标志专用标志企业名单

序号	地理标志产品名称	企业名称	统一社会信用代码	备注
1	沁州黄小米	沁县晋味美食品有限责任公司	91140430694257731R	
2	山西老陈醋	山西裕诚源生物科技有限公司	91140700091041843Q	
3	山西老陈醋	太原市清徐双楼醋业有限公司	9114012155874851X4	

续表

序号	地理标志产品名称	企业名称	统一社会信用代码	备注
4	大连海参	大连富谷食品有限公司	912102837824960465	
5	阜新玛瑙	辽宁省石出东方文化科技有限公司	91210904MACGHDYE2L	
6	阜新玛瑙	阜新市太平区晟昊玛瑙商行	92210904MA0WDC5K5G	
7	阜新玛瑙	阜新市太平区神韵珠宝玉石商行	92210904MABX6T113N	
8	阜新玛瑙	阜新蒙古族自治县十家子镇聚缘橙子珠宝店	92210921MACFELQH0Q	
9	梁山西瓜 （小梁山西瓜）	新民市建群种植专业合作社	93210181064742695X	
10	盘锦大米	盘锦佳禾米业有限公司	91211121MAC9TYYY2A	
11	苏家屯大米 （红菱大米）	沈阳市苏家屯区城南路粮米加工厂	91210111L14600085D	
12	林芝灵芝	米林县丽云药材种植有限公司	91540422MA6T1KAX82	
13	西藏藏红花	西藏圣奇保健品有限公司	915400007835341981	
14	西藏那曲冬虫夏草	那曲市冬虫夏草有限公司	91540600MA7LFGJB5F	
15	西藏那曲冬虫夏草	那曲地区羡巴拉康草商贸有限公司	91542400MA6T2WH94E	
16	西藏那曲冬虫夏草	雍辉堂虫草行	92542421MA6T3AL01W	
17	西藏那曲冬虫夏草	那曲圣旺冬虫夏草有限公司	91540600MA7GQAF255	
18	青海冬虫夏草	青海鑫萨洁吉进出口贸易有限公司	91633100MABJ97360P	
19	贺兰山东麓葡萄酒	宁夏牧童酒庄有限公司	91640100MA76D74A2X	
20	贺兰山东麓葡萄酒	宁夏兰一酒庄有限公司	91640000596235977D	
21	彭阳红梅杏	彭阳县彭脆香农业专业合作社	93640425MA76JTNH3Y	
22	彭阳红梅杏	宁夏彭杏农林科技有限公司	91640425MA76GLCD2A	
23	彭阳红梅杏	彭阳县瑞通电子商务有限责任公司	91640425352676231K	
24	彭阳红梅杏	启晨（宁夏）供应链有限公司	91640425MA76PD7NXE	
25	彭阳红梅杏	彭阳县木欣商贸有限公司	91640425MAC1N41L46	
26	彭阳红梅杏	彭阳县祁嵝岘养殖专业合作社	93640425MA76DDJ537	
27	彭阳红梅杏	彭阳县乾坤经果林家庭林场	91640425MA760G4C23	
28	彭阳红梅杏	彭阳县马渠湾经果林种植专业合作社	93640425317832315D	
29	彭阳红梅杏	彭阳县优质红梅杏苗木种植专业合作社	936404257882473071	
30	彭阳红梅杏	彭阳县云升电子商务有限公司	91640425MA76D59Y5G	
31	彭阳红梅杏	彭阳县维国种植专业合作社	93640425MA770L2T3J	
32	彭阳红梅杏	宁夏茹河伟业林果开发专业合作社	93640425MA75YJDP95	
33	彭阳红梅杏	宁夏东昂农业科技有限公司	91640425MA7617595M	
34	彭阳红梅杏	彭阳县益斌园农畜综合开发有限责任公司	91640425064789549T	
35	彭阳红梅杏	彭阳县梓臻宁家庭农场	91640425MA7723YU7R	

续表

序号	地理标志产品名称	企业名称	统一社会信用代码	备注
36	哈密瓜	伊吾县淖毛湖镇汇峰农民专业合作社	93652223568858966F	
37	哈密瓜	哈密市供销农业有限公司	91652200MA781B5Q7Q	
38	和硕葡萄酒	和硕县贵基葡萄酒庄有限公司	916528283964073326	
39	和硕葡萄酒	新疆兵二十四葡萄酒业有限公司	91659006MA77WKPP9F	
40	和硕葡萄酒	新疆新北道葡萄酒有限公司	916528280948834567	
41	和硕葡萄酒	新疆米兰天使酒庄有限公司	91652828085354878D	
42	和硕葡萄酒	新疆天硕酒业有限公司	91652828072249163A	
43	和硕葡萄酒	新疆西丹庄园酒业有限公司	91652828333133717X	
44	和硕葡萄酒	和硕县合硕特酒庄有限责任公司	91652828065547074J	
45	和硕葡萄酒	新疆壹兰酒庄有限公司	91652828313460462P	
46	和硕葡萄酒	新疆佰年庄酒业有限公司	9165282855244999X5	变更
47	吐鲁番葡萄干	吐鲁番葡萄王食品有限公司	916504027876069299	

国家知识产权局公告

（第五六五号）

依据《特殊标志管理条例》，对第十四届全国冬季运动会呼伦贝尔执行委员会办公室提交的“第十四届全国冬季运动会”等 8 件特殊标志登记申请予以核准。

特此公告。

附件：“第十四届全国冬季运动会”等 8 件特殊标志

国家知识产权局

2024 年 1 月 26 日

附件

第十四届全国冬季运动会

第 T2024001 号

一、登记标志

第十四届全国冬季运动会。

二、登记人

第十四届全国冬季运动会呼伦贝尔执行委员会办公室。

三、活动名称

第十四届全国冬季运动会。

四、核准使用的商品和服务项目

《商标注册用商品和服务国际分类》第 1 类至第 45 类。

五、有效期限

2024 年 1 月 26 日至 2028 年 1 月 25 日。

中华人民共和国第十四届全国冬季运动会

第 T2024002 号

一、登记标志

中华人民共和国第十四届全国冬季运动会。

二、登记人

第十四届全国冬季运动会呼伦贝尔执行委员会办公室。

三、活动名称

第十四届全国冬季运动会。

四、核准使用的商品和服务项目

《商标注册用商品和服务国际分类》第 1 类至第 45 类。

五、有效期限

2024 年 1 月 26 日至 2028 年 1 月 25 日。

十四冬

第 T2024003 号

一、登记标志

十四冬。

二、登记人

第十四届全国冬季运动会呼伦贝尔执行委员会办公室。

三、活动名称

第十四届全国冬季运动会。

四、核准使用的商品和服务项目

《商标注册用商品和服务国际分类》第 1 类至第 45 类。

五、有效期限

2024 年 1 月 26 日至 2028 年 1 月 25 日。

第十四届全国冬季运动会会徽

第 T2024004 号

一、登记标志

二、登记人

第十四届全国冬季运动会呼伦贝尔执行委员会办公室。

三、活动名称

第十四届全国冬季运动会。

四、核准使用的商品和服务项目

《商标注册用商品和服务国际分类》第 1 类至第 45 类。

五、有效期限

2024 年 1 月 26 日至 2028 年 1 月 25 日。

第十四届全国冬季运动会吉祥物

第 T2024005 号

一、登记标志

二、登记人

第十四届全国冬季运动会呼伦贝尔执行委员会办公室。

三、活动名称

第十四届全国冬季运动会。

四、核准使用的商品和服务项目

《商标注册用商品和服务国际分类》第 1 类至第 45 类。

五、有效期限

2024 年 1 月 26 日至 2028 年 1 月 25 日。

第十四届全国冬季运动会吉祥物“安达”

第 T2024006 号

一、登记标志

二、登记人

第十四届全国冬季运动会呼伦贝尔执行委员会办公室。

三、活动名称

第十四届全国冬季运动会。

四、核准使用的商品和服务项目

《商标注册用商品和服务国际分类》第 1 类至第 45 类。

五、有效期限

2024 年 1 月 26 日至 2028 年 1 月 25 日。

第十四届全国冬季运动会吉祥物“赛努”

第 T2024007 号

一、登记标志

二、登记人

第十四届全国冬季运动会呼伦贝尔执行委员会办公室。

三、活动名称

第十四届全国冬季运动会。

四、核准使用的商品和服务项目

《商标注册用商品和服务国际分类》第 1 类至第 45 类。

五、有效期限

2024 年 1 月 26 日至 2028 年 1 月 25 日。

第十四届全国冬季运动会主题口号

第 T2024008 号

一、登记标志

点燃冰雪激情　放飞中国梦想。

二、登记人

第十四届全国冬季运动会呼伦贝尔执行委员会办公室。

三、活动名称

第十四届全国冬季运动会。

四、核准使用的商品和服务项目

《商标注册用商品和服务国际分类》第 1 类至第 45 类。

五、有效期限

2024 年 1 月 26 日至 2028 年 1 月 25 日。

国家知识产权局公告

（第五六六号）

根据《地理标志产品保护规定》，国家知识产权局组织专家审查委员会对长白石、东莞腊肠地理标志产品保护申请进行技术审查。经审查合格，批准上述 2 个产品为地理标志保护产品，自即日起实施保护。

特此公告。

附件：1. 长白石地理标志产品保护要求（略）

2. 东莞腊肠地理标志产品保护要求（略）

国家知识产权局

2024 年 2 月 5 日

国家知识产权局公告

（第五六七号）

根据《中华人民共和国专利法》《中华人民共和国专利代理条例》等有关规定，现将 2024 年度专利代理师资格考试有关事项公告如下。

一、报名

（一）报名条件

1. 具有完全民事行为能力；

2. 已取得国家承认的理工科大专以上学历，并获得毕业文凭或者学位证书；

3. 2024 年 7 月 31 日之前可取得国家承认的理工科大专以上学历，并获得毕业文凭或者学位证书的应届毕业生。

（二）考点设置

2024 年度专利代理师资格考试在 33 个内地城市和香港特别行政区设置考点，内地考点为北京市、天津市、石家庄市、太原市、呼和浩特市、沈阳市、长春市、哈尔滨市、上海市、南京市、苏州市、杭州市、合肥市、福州市、南昌市、济南市、青岛市、郑州市、武汉市、长沙市、广州市、深圳市、南宁市、海口市、重庆市、成都市、贵阳市、昆明市、西安市、兰州市、西宁市、银川市和乌鲁木齐市。

报名人员在报名时根据自身情况选择一个考点参加考试。香港特别行政区报名人员可以选择在香港特别行政区、北京市、上海市、广州市、深圳市、福州市考点参加考试。澳门特别行政区和台湾地区报名人员可以选择在北京市、上海市、广州市、深圳市、福州市考点参加考试。

（三）报名程序

参加专利代理师资格考试的报名人员，应当通过国家知识产权局政府网站（https://www.cnipa.gov.cn）“专利代理师资格考试”专栏内的报名系统进行报名。报名分为预报名、资格审核、缴费确认三个步骤。内地考点由考点城市所在的省（自治区、直辖市）知识产权局负责报名事宜。香港特别行政区考点由职业训练局高峰进修学院考试中心负责报名事宜。

1. 预报名。报名人员应当于 2024 年 4 月 8 日 8：00 至 4 月 29 日 17：00 通过报名系统预报名，逾期不予补报。申请免予专利代理实务科目考试的报名人员也应当在上述时间内提出申请。按照报名系统的指引如实、准确填写报名信息，上传相关材料，并承诺对其真实性负责。

2. 资格审核。预报名成功后，内地考点由考点城市所在的省（自治区、直辖市）知识产权局对报名人员进行资格审核。香港特别行政区考点由职业训练局高峰进修学院考试中心负责资格审核。报名人员应当积极配合，报名信息存在错误时应当及时修改补正。资格审核时间为 2024 年 4 月 8 日 8：00 至 5 月 10 日 17：00，逾期未按要求完成报名信息修改补正的，视为审核不合格。

3. 缴费确认。资格审核合格的报名人员应当根据报名系统提示，向所选考点城市的省（自治区、直辖市）知识产权局缴纳考试报名费。在线缴费截止时间为 2024 年 5 月 13 日 15：00。

香港特别行政区考点实行现场缴费，缴费地点：湾仔活道 27 号职业训练局大楼一楼高峰进修学院考试中心，缴费截止时间为 2024 年 5 月 13 日 17：00。

报名人员只有按时足额缴纳考试报名费后才确认完成报名程序。逾期或者未足额缴纳报名费的，视为未完成报名。报名费一经缴纳不予退还。缴费确认后，报名人员不得更改考点。报名即视为提交专利代理师资格预申请。

（四）报名材料

报名人员报名时，应当填写或者上传以下材料：

1. 2024 年度专利代理师资格考试报名表暨专利代理师资格预申请表。

2. 本人有效身份证扫描件。

报名人员报名时应当上传居民身份证或者中华人民共和国护照的扫描件。

香港特别行政区报名人员报名时应当上传香港永久性居民身份证的扫描件，同时上传港澳居民来往内地通行证（回乡证）或者中华人民共和国香港特别行政区护照的扫描件。

澳门特别行政区报名人员报名时应当上传澳门永久性居民身份证的扫描件，同时上传港澳居民来往内地通行证（回乡证）或者中华人民共和国澳门特别行政区护照的扫描件。

台湾地区报名人员报名时，应当上传台湾居民来往大陆通行证的扫描件，同时上传台湾居民身份证的扫描件。不能上传台湾居民来往大陆通行证的，应当上传台湾居民身份证和户籍誊本或者户口名簿。

3. 本人学历/学位证书扫描件。

报名人员应当上传本人学历/学位证书扫描件或者中国高等教育学生信息网认证证书电子件或者中国学位与研究生教育信息网认证证书电子件。

预报名期间未取得毕业证书的应届毕业生，应在报名阶段提交当年即将毕业的在校证明及专业证明（加盖院校公章），并于 2024 年 7 月 31 日之前上传学历/学位证书扫描件或者中国高等教育学生信息网认证证书电子件或者中国学位与研究生教育信息网认证证书电子件。到期未按时提交毕业证和学位证或证书未通过审核的，当年考试成绩无效。

持香港特别行政区、澳门特别行政区、台湾地区或者国外高等学校学历学位证书报名的，应当上传教育部留学服务中心的学历学位认证书扫描件。学历或者学位证明是外文的，应当附具中文译文，中文译文无需公证。

4. 本人近三个月彩色蓝底正面免冠证件照片的电子件。具体要求如下：

（1）照片尺寸 48mm × 33mm，人像头部宽度 21mm—24mm，头部长度 28mm—33mm；

（2）电子件要求：JPG 格式，文件大小介于 30k—120k 之间，分辨率 300dpi，宽：390 像素，高：567 像素。

此照片将作为本人资格审核、准考证、专利代理师资格证书唯一使用照片。为保证图像识别准确性，照片底色应与标准蓝底证件照要求一致，并不得使用拉伸严重的照片。

5.《专利代理师资格申请承诺书》扫描件。报名人员应于报名系统下载《专利代理师资格申请承诺书》电子件，本人签字后上传其扫描件。

（五）选择考站

报名人员应当于 2024 年 6 月 6 日 8：00 至 6 月 10 日 17：00，登录报名系统选择考站。考站以考位数量为准，按照选择完成的先后，排满即为不可选状态。

（六）准考证

报名人员应当于 2024 年 6 月 28 日 8：00 至 7 月 7 日 13：00 期间，登录报名系统自行打印准考证。准考证包含报名人员的个人信息和考试时间、科目、地点等内容。

二、考试

（一）考试日期和地点

2024 年度专利代理师资格考试定于 7 月 6 日、7 日在所有考点城市同时进行。

（二）考试科目和时间

专利代理师资格考试实行全国统一命题，命题范围以《2024 年度专利代理师资格考试大纲》为准。大纲将在国家知识产权局政府网站发布。

考试分为三门科目，各科目名称和考试时间安排如下：

专利法律知识：7 月 6 日 9：00—11：30；

相关法律知识：7 月 6 日 14：00—16：00；

专利代理实务：7 月 7 日 9：00—13：00。

（三）考试题型和考试方式

专利代理师资格考试为闭卷考试，专利法律知识和相关法律知识两门科目的题型为选择题，专利代理实务科目的题型为论述答题和实际撰写。

专利代理师资格考试采用计算机化考试方式，指应试人员在计算机终端获取专利法律知识、相关法律知识和专利代理实务科目的试题，在计算机终端作答全部科目并提交答题结果的方式。

考试试题采用简体汉字，香港特别行政区、澳门特别行政区、台湾地区应试人员可以使用繁体汉字作答，答题时应当使用国家法律、法规和规章所规定的专业术语。

（四）考试成绩公布、复查

专利代理师资格考试实行全国统一评卷，评卷结束后公布考试成绩。应试人员可通过报名系统在指定期限内查询本人成绩。

应试人员认为其考试成绩有明显异常的，可以在考试成绩公布后的指定期限内提出复查分数的申请。考试成绩复查仅限于重新核对各题得分之和相加是否有误。应试人员不得查阅其试卷原始数据。成绩复查结果由专利代理师考试委员会办公室通过报名系统通知提出成绩复查申请的应试人员。

三、专利代理师资格授予

（一）合格分数线

自2023年度起，专利代理师资格考试实行固定合格分数线，法律知识部分（即专利法律知识与相关法律知识两科总和）150分，代理实务部分（即专利代理实务单科）90分。

根据有关规定或者遇特殊情况，需要变更调整考试合格分数线的，另行公告。

（二）专利代理师资格申请

自考试成绩公布、复查结束后，在规定时间内通过全部考试科目人员的专利代理师资格预申请，将自动转为正式申请并生效。经核查所述人员报名资料后，由国家知识产权局授予专利代理师资格，颁发《专利代理师资格证书》。《专利代理师资格证书》由国家知识产权局统一制作。

参加内地考点考试的考生证书，由考点城市所在的省（自治区、直辖市）知识产权局发放。

参加香港特别行政区考点考试的考生证书，由职业训练局高峰进修学院考试中心发放。

四、考试其他事宜

国家知识产权局不举办考前培训班，培训举办单位不得以国家知识产权局名义组织、举办培训班或者进行相关宣传。

2024年度专利代理师资格考试公众咨询电话、各考点以及香港特别行政区政府知识产权署和澳门特别行政区政府经济及科技发展局的联系方式将在国家知识产权局政府网站公布。

特此公告。

国家知识产权局

2024年3月13日

国家知识产权局公告

（第五六八号）

依据《特殊标志管理条例》，对2025年第九届亚洲冬季运动会组织委员会提交的“2025年第九届亚洲冬季运动会会徽”等14件特殊标志登记申请予以核准。

特此公告。

附件：“2025年第九届亚洲冬季运动会会徽”等14件特殊标志

国家知识产权局

2024年3月13日

附件

2025年第九届亚洲冬季运动会会徽

第 T2024009 号

一、登记标志

HARBIN 2025
ASIAN WINTER GAMES

二、登记人

2025 年第九届亚洲冬季运动会组织委员会。

三、活动名称

2025 年第九届亚洲冬季运动会。

四、核准使用的商品和服务项目

《商标注册用商品和服务国际分类》第 1 类至第 45 类。

五、有效期限

2024 年 3 月 13 日至 2028 年 3 月 12 日。

2025 年第九届亚洲冬季运动会吉祥物“滨滨”

第 T2024010 号

一、登记标志

二、登记人

2025 年第九届亚洲冬季运动会组织委员会。

三、活动名称

2025 年第九届亚洲冬季运动会。

四、核准使用的商品和服务项目

《商标注册用商品和服务国际分类》第 1 类至第 45 类。

五、有效期限

2024 年 3 月 13 日至 2028 年 3 月 12 日。

2025 年第九届亚洲冬季运动会吉祥物“妮妮”

第 T2024011 号

一、登记标志

二、登记人

2025 年第九届亚洲冬季运动会组织委员会。

三、活动名称

2025 年第九届亚洲冬季运动会。

四、核准使用的商品和服务项目

《商标注册用商品和服务国际分类》第 1 类至第 45 类。

五、有效期限

2024 年 3 月 13 日至 2028 年 3 月 12 日。

2025 年第九届亚洲冬季运动会口号

第 T2024012 号

一、登记标志

冰雪同梦 亚洲同心

Dream of Winter, Love among Asia

二、登记人

2025 年第九届亚洲冬季运动会组织委员会。

三、活动名称

2025 年第九届亚洲冬季运动会。

四、核准使用的商品和服务项目

《商标注册用商品和服务国际分类》第 1 类至第 45 类。

五、有效期限

2024 年 3 月 13 日至 2028 年 3 月 12 日。

2025 年第九届亚洲冬季运动会组织委员会

第 T2024013 号

一、登记标志

2025 年第九届亚洲冬季运动会组织委员会。

二、登记人

2025 年第九届亚洲冬季运动会组织委员会。

三、活动名称

2025 年第九届亚洲冬季运动会。

四、核准使用的商品和服务项目

《商标注册用商品和服务国际分类》第 1 类至第 45 类。

五、有效期限

2024 年 3 月 13 日至 2028 年 3 月 12 日。

2025 第九届亚冬会组委会

第 T2024014 号

一、登记标志

2025 年第九届亚冬会组委会。

二、登记人

2025 年第九届亚洲冬季运动会组织委员会。

三、活动名称

2025 年第九届亚洲冬季运动会。

四、核准使用的商品和服务项目

《商标注册用商品和服务国际分类》第 1 类至第 45 类。

五、有效期限

2024 年 3 月 13 日至 2028 年 3 月 12 日。

哈尔滨亚冬组委

第 T2024015 号

一、登记标志

哈尔滨亚冬组委。

二、登记人

2025 年第九届亚洲冬季运动会组织委员会。

三、活动名称

2025 年第九届亚洲冬季运动会。

四、核准使用的商品和服务项目

《商标注册用商品和服务国际分类》第 1 类至第 45 类。

五、有效期限

2024 年 3 月 13 日至 2028 年 3 月 12 日。

哈尔滨 2025 年亚冬会组织委员会

第 T2024016 号

一、登记标志

哈尔滨 2025 年亚冬会组织委员会。

二、登记人

2025 年第九届亚洲冬季运动会组织委员会。

三、活动名称

2025 年第九届亚洲冬季运动会。

四、核准使用的商品和服务项目

《商标注册用商品和服务国际分类》第 1 类至第 45 类。

五、有效期限

2024 年 3 月 13 日至 2028 年 3 月 12 日。

第 9 届亚冬会组委会

第 T2024017 号

一、登记标志

第 9 届亚冬会组委会。

二、登记人

2025 年第九届亚洲冬季运动会组织委员会。

三、活动名称

2025 年第九届亚洲冬季运动会。

四、核准使用的商品和服务项目

《商标注册用商品和服务国际分类》第 1 类至第 45 类。

五、有效期限

2024 年 3 月 13 日至 2028 年 3 月 12 日。

The 9th Asian Winter Games Harbin 2025 Organizing Committee

第 T2024018 号

一、登记标志

The 9th Asian Winter Games Harbin 2025 Organizing Committee。

二、登记人

2025 年第九届亚洲冬季运动会组织委员会。

三、活动名称

2025 年第九届亚洲冬季运动会。

四、核准使用的商品和服务项目

《商标注册用商品和服务国际分类》第 1 类至第 45 类。

五、有效期限

2024 年 3 月 13 日至 2028 年 3 月 12 日。

HAWGOC

第 T2024019 号

一、登记标志

HAWGOC。

二、登记人

2025 年第九届亚洲冬季运动会组织委员会。

三、活动名称

2025 年第九届亚洲冬季运动会。

四、核准使用的商品和服务项目

《商标注册用商品和服务国际分类》第 1 类至第 45 类。

五、有效期限

2024 年 3 月 13 日至 2028 年 3 月 12 日。

2025 年第九届亚洲冬季运动会执行委员会

第 T2024020 号

一、登记标志

2025 年第九届亚洲冬季运动会执行委员会。

二、登记人

2025 年第九届亚洲冬季运动会组织委员会。

三、活动名称

2025 年第九届亚洲冬季运动会。

四、核准使用的商品和服务项目

《商标注册用商品和服务国际分类》第 1 类至第 45 类。

五、有效期限

2024 年 3 月 13 日至 2028 年 3 月 12 日。

2025 年第九届亚冬会执委会

第 T2024021 号

一、登记标志

2025 年第九届亚冬会执委会。

二、登记人

2025 年第九届亚洲冬季运动会组织委员会。

三、活动名称

2025 年第九届亚洲冬季运动会。

四、核准使用的商品和服务项目

《商标注册用商品和服务国际分类》第 1 类至第 45 类。

五、有效期限

2024 年 3 月 13 日至 2028 年 3 月 12 日。

The 9th Asian Winter Games Harbin 2025 Executive Committee

第 T2024022 号

一、登记标志

The 9th Asian Winter Games Harbin 2025 Executive Committee。

二、登记人

2025 年第九届亚洲冬季运动会组织委员会。

三、活动名称

2025 年第九届亚洲冬季运动会。

四、核准使用的商品和服务项目

《商标注册用商品和服务国际分类》第 1 类至第 45 类。

五、有效期限

2024 年 3 月 13 日至 2028 年 3 月 12 日。

国家知识产权局公告

（第五六九号）

根据《中华人民共和国商标法》《中华人民共和国专利法》等有关规定，对中华人民共和国外交部“中非合作论坛官方标志”“中国－阿拉伯国家合作论坛官方标志”予以登记备案，并纳入官方标志保护。

特此公告。

附件：1. 中非合作论坛官方标志图案和说明

2. 中国－阿拉伯国家合作论坛官方标志图案和说明

国家知识产权局

2024 年 3 月 13 日

附件 1

中非合作论坛官方标志图案和说明

一、编号

官方标志 G2024001 号。

二、图案

三、说明

（一）形状。中非合作论坛官方标志图案形状为圆形。

（二）颜色。标志图案外圈左侧部分主要为红色，右侧部分主要为绿色，文字为白色。内部圆形为渐变蓝色，中国和非洲地图为浅绿色，文字边框为灰色，文字内容为红色。

（三）构成。标志图案左侧红色“C”代表中国，整个标志为字母“a”代表非洲，绿色象征和平与发展，红色表示活力与繁荣，将中国和非洲地图示意图置于中心，整体寓意中非团结。图案左侧红色部分中间为英文“CHINA – AFRICA”，右侧绿色部分中间为法文“CHINE – AFRIQUE”，意为“中国 – 非洲”。图案中央字母为“FORUM”，意为“论坛”。

附件 2

中国 – 阿拉伯国家合作论坛官方标志图案和说明

一、编号

官方标志 G2024002 号。

二、图案

三、说明

（一）形状。中国 – 阿拉伯国家合作论坛官方标志图案形状为圆形。

（二）颜色。标志图案左侧部分主要为绿色，右侧部分主要为红色和黄色，外圈文字为黑色，底色为白色。

绿色色值为#009747；CMYK：91，9，95，2；RGB：0，151，71。红色色值为#DE331E；CMYK：6，92，93，1；RGB：222，51，30。黄色色值为#FFEA0A；CMYK：2，5，89，0；RGB：255，234，10。黑色色值为#231815；CMYK：0，0，0，100；RGB：35，24，21。白色色值为#FFFFFF；CMYK：0，0，0，0；RGB：255，255，255。

（三）构成。标志图案中心部分左侧为阿拉伯国家联盟盟旗图案，代表阿盟 22 个成员国，右侧为中华人民共和国国旗图案，象征中国－阿拉伯国家合作论坛是中阿双方开展平等对话、加强务实合作的重要平台。图案外圈左侧为阿拉伯文“منتدى التعاون العربي الصيني”，意为“阿拉伯－中国合作论坛”，图案外圈右侧为中文“中国－阿拉伯国家合作论坛”。

国家知识产权局公告

（第五七〇号）

根据《中华人民共和国商标法》《中华人民共和国专利法》等有关规定，对中华人民共和国外交部“中国－拉共体论坛官方标志”“中国－中东欧国家合作官方标志”予以登记备案，并纳入官方标志保护。

特此公告。

附件：1. 中国－拉共体论坛官方标志图案和说明

2. 中国－中东欧国家合作官方标志图案和说明

国家知识产权局

2024 年 3 月 19 日

附件 1

中国－拉共体论坛官方标志图案和说明

一、编号

官方标志 G2024003 号。

二、图案

三、说明

（一）形状。标志图案形状为字形加文字结构。

（二）颜色。标志图案颜色从左到右依次为黄色、红色、蓝色和绿色，底部文字为黑色。

黄色色值为 PANTONE：P17－7C；CMYK：0，35，85，0；RGB：248，182，45。红色色值为 PANTONE：P49－8C；CMYK：15，100，100，10；RGB：196，14，24。蓝色色值为 PANTONE：P99－16C；CMYK：100，95，5，0；RGB：23，42，136。绿色色值为 PANTONE：P146－7C；CMYK：85，10，100，10；RGB：0，145，58。黑色色值为 PANTONE：PROCESS BLACK C；CMYK：0，0，0，100；RGB：0，0，0。

（三）构成。标志图案为双手相握和和平鸽环绕相伴造型，通过对论坛“CHINA－CELAC FORUM”缩写“CCF”变形，形成两个紧握的双手，象征中拉紧密合作；亦可理解为两只和平鸽环绕相伴，象征中拉和平和双方合作展翅高飞。图案底部为英文“CHINA－CELAC FORUM”。

附件 2

中国－中东欧国家合作官方标志图案和说明

一、编号

官方标志 G2024004 号。

二、图案

China-CEEC
中国—中东欧国家合作

三、说明

（一）形状。标志图案为字母“C”和“E”半重合成的半环形，开口向右，配以中英文“中国－中东欧国家合作”名称标准字。

（二）颜色。标志中字母“C”和“E”半重合成的半环形色彩分别取自中国红和中东欧成员国国旗的红、黄、蓝色，并包含其融合色和相近色。标准字英文“China”颜色为中国红，代表中东欧国家的“CEEC”为紫蓝色，“中国－中东欧国家合作”字样和“China”与“CEEC”之间英文连字符“－”均为黑色。

图案中中国红色值为 CMYK：0，100，100，0；中东欧国家国旗红色色值为 CMYK：0，100，60，0；深蓝色色值为 CMYK：100，40，0，0；浅蓝色色值为 CMYK：60，0，10，0；黄色色值为 CMYK：0，20，100，0。

标准字中“China”字样红色色值为 CMYK：0，100，100，0；RGB：230，0，18。“CEEC”字样紫蓝色色值为 CMYK：100，100，0，0；RGB：29，32，136。“中国－中东欧国家合作”字样及“China”和“CEEC”之间英文连字符“－”黑色色号为 CMYK：0，0，0，100；RGB：35，24，21。

（三）构成。标志图案由字母“C”和“E”整合组成。“C”代表“中国”（China），“联系、接触”（Contact），“对话”（Conversation），“合作”（Cooperation）；“E”代表“欧洲”（Europe），“经济”（Economy），“东方”（East）。配套标准字中英对照，均表示“中国－中东欧国家合作”。整个标志象征中国与中东欧国家以中国－中东欧国家合作为务实合作平台，共商共建，合作共赢，共谋发展，造福双方人民。

国家知识产权局公告

（第五七一号）

根据《地理标志产品保护办法》，生产七里海河蟹、复州湾海盐、盘锦大米、吉林长白山天然矿泉水、乾安黄小米、炭泉黑豆、狗牯脑茶、南丰蜜桔、封开杏花鸡、凤凰单丛（枞）茶、高州桂圆肉、化橘红、九仙桃、萝岗甜橙、南盛沙糖桔、清远鸡、中山脆肉鲩、林芝灵芝、固原黄牛、固原马铃薯、贺兰山东麓葡萄酒、吐鲁番葡萄干等 22 个产品的 52 家企业，分别向产品所在地知识产权管理部门提出地理标志专用标志使用申请。经有关省级知识产权管理部门审核，并经国家知识产权局审查认定，现予注册登记。自即日起核准上述企业在其生产的地理标志产品上使用地理标志专用标志，获得地理标志产品保护。

特此公告。

附件：52 家核准使用地理标志专用标志企业名单

国家知识产权局

2024 年 3 月 19 日

附件

52家核准使用地理标志专用标志企业名单

序号	地理标志产品名称	企业名称	统一社会信用代码	备注
1	七里海河蟹	天津宁河七里海河蟹产业有限公司	91120221MA7MPQ0L9Y	
2	复州湾海盐	大连盐化集团有限公司	91210200123619946K	
3	盘锦大米	神州沃良（辽宁）农业科技有限公司	91211122MA0QED2T2A	
4	盘锦大米	盘锦秋丰农业发展有限公司	91211121MA10AEHD6G	
5	盘锦大米	盘锦柏氏农业科技有限公司	91211122MA10YJ7Y9Q	
6	吉林长白山天然矿泉水	靖宇修元矿泉饮品有限公司	91220622316606025R	
7	乾安黄小米	乾安县所字镇物字村田锦秀农业机械种植专业合作社	93220723316670131C	
8	炭泉黑豆	吉林省吉松岭食品有限公司	912207220540730109	
9	狗牯脑茶	遂川县含露茶业开发有限公司	91360827MA35TTML64	
10	狗牯脑茶	江西玖玢生态农业发展有限公司	91360827MA35JHKF7P	
11	狗牯脑茶	遂川县汤湖狗头山精制茶厂（普通合伙）	913608270790144479	
12	狗牯脑茶	遂川白土高山茶厂（普通合伙）	91360827MA36X3N45R	
13	狗牯脑茶	遂川云端茶业有限公司	91360827MA3ACL741R	
14	狗牯脑茶	遂川县安村茶厂（有限合伙）	913608275761040059	
15	狗牯脑茶	江西遂川汤湖茶业有限公司	9136082706538545 8P	
16	南丰蜜桔	江西聚福堂农业发展有限公司	91361023332977176B	
17	封开杏花鸡	封开县封飞凤农业发展有限公司	91441225MA7KRDBW2D	
18	凤凰单丛（枞）茶	潮州市潮安区金锋茶厂	91445103MA56K8993H	
19	凤凰单丛（枞）茶	潮州市潮安区南桂坊茶业有限公司	91445103MACE47D05R	
20	凤凰单丛（枞）茶	潮州市家乡人茶业有限公司	91445103MA53CKJ0XD	
21	凤凰单丛（枞）茶	潮州市文富茶业有限公司	91445103MABTHAAP17	
22	凤凰单丛（枞）茶	广东百香茶业有限公司凤凰分公司	91445103MACPGDHN07	
23	凤凰单丛（枞）茶	潮州市潮安区依凤茶业有限公司	91445103MA54EBW18E	
24	凤凰单丛（枞）茶	潮州市仙豆香茶业有限公司	91445103MA556QNY90	
25	凤凰单丛（枞）茶	广东宋乡茶业有限公司	91445103MABWQHPY16	
26	凤凰单丛（枞）茶	饶平县唐炭坊茶业有限公司	91445122MA4UWUD192	
27	凤凰单丛（枞）茶	潮州市天竺生态茶业有限公司	91445122MA55EXAE5H	

续表

序号	地理标志产品名称	企业名称	统一社会信用代码	备注
28	凤凰单丛（枞）茶	潮州市高韵茶庄有限公司	91445122MA54Y0X484	
29	高州桂圆肉	广东贡君农业发展有限公司高州分公司	91440981MA54HUME9C	
30	化橘红	化州市乾宁化橘红有限公司	91440982MA53NP1L0T	
31	化橘红	化州李家园橘红制品有限公司	91440982663352453B	
32	化橘红	化州市金睿化橘红科技有限公司	91440982MA56J7UA7Y	
33	化橘红	化州市培林橘红种植专业合作社	93440982MA4WE43T7Y	
34	化橘红	化州市正生源橘红技术开发有限公司	91440982MACCD8B453	
35	九仙桃	翁源县享通三华李专业合作社	93440229MA52CD4D0A	
36	萝岗甜橙	广东顺天道智慧农业农民专业合作社	93440101MA9Y975P9W	
37	南盛沙糖桔	云浮市云城区南盛镇欣合泰种植专业合作社	93445302MA577AB32D	
38	清远鸡	清远市凤翔麻鸡发展有限公司	91441802725975462Q	
39	中山脆肉鲩	广东东御食品有限公司	914420005724218046	
40	中山脆肉鲩	中山市渔大脆鲩食品有限公司	91442000MA4UWMJ4XX	
41	中山脆肉鲩	中山市富汇力渔业发展有限公司	91442000MA7JLFNA03	
42	中山脆肉鲩	中山市华伟水产养殖专业合作社	93442000MA51A6PN5P	
43	中山脆肉鲩	中山市升粤水产养殖有限公司	91442000MA55RY588E	
44	中山脆肉鲩	中山市百洋水产养殖服务有限公司	91442000MA4WMPFH6X	
45	中山脆肉鲩	中山市东升镇广合农场	92442000MA4X6U8184	
46	中山脆肉鲩	中山市金朗食品有限公司	91442000MA55UG3072	
47	中山脆肉鲩	中山市创御脆肉鲩有限公司	91442000MA4ULNK73F	
48	林芝灵芝	林芝雪域本草健康产业有限公司	91540400MA6TBM0P96	
49	固原黄牛	宁夏夫叶农牧科技研发有限公司	91640400MA76N1Q25A	
50	固原马铃薯	雪川六盘山食品（宁夏）有限公司	91640400MA76LY694A	
51	贺兰山东麓葡萄酒	银川蒲尚葡萄酒有限公司	916400000546289954	
52	吐鲁番葡萄干	吐鲁番津新食品有限公司	91650402MA7G1QWJXA	

国家知识产权局公告

（第五七二号）

国家知识产权局专利局乌鲁木齐代办处办公地址变更。变更后信息如下：

地址：新疆维吾尔自治区乌鲁木齐市光明路 121 号建设广场写字楼 15 楼

邮编：830000

启用时间：2024 年 4 月 15 日

电话、传真及银行账户信息不变。

特此公告。

国家知识产权局

2024 年 3 月 25 日

国家知识产权局公告

（第五七三号）

为履行我国加入的《保护工业产权巴黎公约》第六条之三，依据《中华人民共和国商标法》第十条第一款有关规定，现将世界知识产权组织国际局于 2023 年 3 月 31 日向中国国家知识产权局通报的 83 件标志纳入官方标志保护。

特此公告。

附件：1. 纳入官方标志保护的 9 件外国徽章、国旗、国徽、官方检验印章等国家徽记（略）

2. 纳入官方标志保护的 74 件政府间国际组织徽章、名称、名称缩写等徽记（略）

国家知识产权局

2024 年 3 月 31 日

文件

国家知识产权强国建设工作部际联席会议办公室关于印发2024年知识产权强国建设纲要和“十四五”规划实施地方工作要点的通知

国知联办〔2024〕4号

各省、自治区、直辖市和新疆生产建设兵团知识产权工作统筹协调机制办公室：

为高质量推动《知识产权强国建设纲要（2021—2035年）》和《“十四五”国家知识产权保护和运用规划》实施，现将《2024年知识产权强国建设纲要和“十四五”规划实施地方工作要点》印发给你们，请认真贯彻执行。

特此通知。

国家知识产权强国建设工作部际联席会议办公室
（国家知识产权局代章）
2024年3月29日

2024年知识产权强国建设纲要和“十四五”规划实施地方工作要点（略）

国家知识产权局关于确定国家知识产权强市建设试点示范城市、强县建设试点示范县的通知

国知发运字〔2024〕2 号

各省、自治区、直辖市和新疆生产建设兵团知识产权局，各地方有关中心：

按照《国家知识产权局办公室关于面向城市、县域开展 2023 年知识产权强国建设试点示范评定工作的通知》（国知办函运字〔2023〕582 号）要求，经城市和县（市、区）人民政府申报、省（自治区、直辖市）知识产权局推荐、专家评审等程序，确定北京市丰台区等 18 个城市（城区）为国家知识产权强市建设示范城市（名单见附件 1），北京市昌平区等 38 个城市（城区）为国家知识产权强市建设试点城市（名单见附件 2），江苏省宜兴市等 30 个县（市、区）为国家知识产权强县建设示范县（名单见附件 3），河北省迁安市等 97 个县（市、区）为国家知识产权强县建设试点县（名单见附件 4），试点示范时限自 2024 年 1 月至 2026 年 12 月。

各省（自治区、直辖市）知识产权局要坚持以习近平新时代中国特色社会主义思想为指导，全面贯彻党的二十大精神，认真落实《知识产权强国建设纲要（2021—2035 年）》、《“十四五”国家知识产权保护和运用规划》以及《专利转化运用专项行动方案（2023—2025 年）》任务部署，以开展知识产权强国建设试点示范工作为重要抓手，加强工作指导和资源投入，与相关城市建立强市共建机制，与相关县（市、区）建立联系指导工作机制，指导城市和县（市、区）制定试点示范工作方案，层层分解任务、逐级压实责任，实现省市联动、全域行动，打造区域知识产权工作高地，引领带动全省知识产权高质量发展。

各有关城市和县（市、区）要在省（自治区、直辖市）知识产权局指导下，优化完善试点示范工作方案，明确任务分工，自批复之日起 2 个月内由城市和县（市、区）人民政府印发，并报国家知识产权局知识产权运用促进司备案。要将试点示范工作纳入地方政府重要议事日程，加强组织领导和条件保障，加快推动试点示范工作和专利转化运用专项行动各项任务落地落实，不断提升地方知识产权治理能力和治理效能，确保试点示范工作取得实效，为知识产权强国建设提供有力支撑。

特此通知。

附件：1. 国家知识产权强市建设示范城市名单

2. 国家知识产权强市建设试点城市名单
3. 国家知识产权强县建设示范县名单
4. 国家知识产权强县建设试点县名单

国家知识产权局
2024 年 1 月 3 日

附件 1

国家知识产权强市建设示范城市名单

序号	省份	城市（城区）
1	北京	丰台区
2	天津	东丽区
3	上海	徐汇区
4		松江区
5	江苏	无锡市
6		南通市
7	浙江	金华市
8		台州市
9	安徽	马鞍山市
10	福建	泉州市
11	山东	淄博市
12		东营市
13	河南	洛阳市
14	湖北	襄阳市
15	湖南	株洲市
16	广东	珠海市
17		东莞市
18	四川	德阳市

附件 2

国家知识产权强市建设试点城市名单

序号	省份	城市（城区）
1	北京	昌平区、通州区
2	天津	南开区
3	河北	秦皇岛市
4	山西	运城市
5	内蒙古	包头市
6	辽宁	沈阳市、朝阳市
7	吉林	吉林市
8	黑龙江	伊春市
9	上海	静安区、杨浦区
10	江苏	泰州市、连云港市
11	浙江	衢州市、丽水市
12	安徽	蚌埠市
13	福建	南平市
14	江西	九江市、抚州市
15	山东	威海市
16	河南	新乡市
17	湖北	黄冈市
18	湖南	衡阳市、岳阳市
19	广东	汕头市、江门市
20	广西	北海市
21	重庆	荣昌区、江津区
22	四川	攀枝花市
23	贵州	铜仁市
24	云南	曲靖市
25	西藏	昌都市
26	陕西	渭南市
27	甘肃	白银市
28	宁夏	石嘴山市
29	新疆	乌鲁木齐市

附件 3

国家知识产权强县建设示范县名单

序号	省份	县（市、区）
1	江苏	宜兴市
2		南京市玄武区
3		苏州市吴江区
4		南京市浦口区
5		常熟市
6		邳州市
7	浙江	台州市椒江区
8		乐清市
9		湖州市南浔区
10		杭州市萧山区
11	安徽	合肥市肥西县
12		合肥市蜀山区
13		界首市
14		天长市
15	福建	福州市仓山区
16		泉州市德化县
17	江西	南昌市南昌县
18	山东	济南市历下区
19		青岛市市北区
20		东营市东营区
21		寿光市
22	湖南	长沙市开福区
23	广东	广州市番禺区
24		深圳市龙岗区
25		佛山市南海区
26	四川	成都市金牛区
27		成都市青羊区
28		宜宾市翠屏区
29	云南	昆明市盘龙区
30	陕西	西安市雁塔区

附件 4

国家知识产权强县建设试点县名单

序号	省份	县（市、区）
1	河北	迁安市、邢台市宁晋县
2	山西	大同市云州区（地理标志类）
3	内蒙古	鄂尔多斯市鄂托克旗、兴安盟突泉县
4	辽宁	沈阳市浑南区、大连市甘井子区
5	吉林	蛟河市（地理标志类）、四平市伊通满族自治县
6	黑龙江	哈尔滨市平房区、东宁市
7	江苏	盐城市亭湖区、泰兴市、宿迁市沭阳县（地理标志类）、南京市雨花台区、无锡市惠山区、淮安市金湖县、南通市海门区、南通市崇川区
8	浙江	杭州市钱塘区、绍兴市新昌县、湖州市吴兴区、台州市黄岩区、海宁市、余姚市、宁波市海曙区、温州市瓯海区
9	安徽	合肥市长丰县、芜湖市湾沚区、滁州市来安县、滁州市全椒县、六安市霍山县
10	福建	福州市晋安区、福州市马尾区、漳州市长泰区、龙岩市上杭县、龙岩市武平县
11	江西	贵溪市、景德镇市珠山区、抚州市崇仁县、萍乡市芦溪县、龙南市
12	山东	济南市历城区、枣庄市市中区、龙口市、邹城市、威海市环翠区、日照市岚山区、德州市夏津县（地理标志类）、滨州市博兴县
13	河南	新郑市、长葛市、信阳市罗山县
14	湖北	大冶市、宜都市、仙桃市、当阳市、孝感市孝南区、十堰市房县（地理标志类）
15	湖南	长沙市雨花区、长沙市天心区、常德市汉寿县、怀化市中方县、益阳市安化县（地理标志类）
16	广东	广州市海珠区、广州市白云区、深圳市光明区、佛山市禅城区、佛山市三水区、江门市蓬江区、江门市新会区（地理标志类）、肇庆市怀集县（地理标志类）
17	广西	南宁市西乡塘区、梧州市藤县、贺州市八步区、平果市
18	海南	陵水黎族自治县
19	四川	成都市双流区、成都市温江区、广汉市、泸州市龙马潭区、乐山市市中区、达州市渠县
20	贵州	贵阳市云岩区、黔南布依族苗族自治州龙里县
21	云南	昆明市西山区、玉溪市红塔区
22	陕西	西安市莲湖区、宝鸡市陇县（传统知识类）、汉中市略阳县（地理标志类）、商洛市柞水县（地理标志类）
23	甘肃	兰州市城关区、兰州市榆中县、兰州市七里河区
24	宁夏	中卫市中宁县（地理标志类）
25	新疆	哈密市伊州区、昌吉市

国家知识产权局　科技部　财政部　自然科学基金委　国家国防科工局　中央军委装备发展部关于印发建立财政资助科研项目形成专利的声明制度实施方案的通知

国知发运字〔2024〕3 号

各省、自治区、直辖市知识产权局，科技厅（局），财政厅（局），各军兵种装备部（参谋部、战勤部），军委机关各部委有关局（厅）、军委各直属机构有关局、军委各直属单位科研部，武警部队装备部，中国科学院，各军工集团公司，中国工程物理研究院，各有关单位：

按照中共中央、国务院印发的《知识产权强国建设纲要（2021—2035 年）》、国务院印发的《“十四五”国家知识产权保护和运用规划》和国务院办公厅印发的《专利转化运用专项行动方案（2023—2025 年）》决策部署，国家知识产权局、科技部、财政部、自然科学基金委、国家国防科工局和中央军委装备发展部联合制定了《建立财政资助科研项目形成专利的声明制度实施方案》。现印发给你们，请认真贯彻落实。

特此通知。

国家知识产权局　科技部
财政部　自然科学基金委
国家国防科工局　中央军委装备发展部
2024 年 1 月 14 日

建立财政资助科研项目形成专利的声明制度实施方案

为贯彻落实中共中央、国务院印发的《知识产权强国建设纲要（2021—2035 年）》、国务院印发的《“十四五”国家知识产权保护和运用规划》和国务院办公厅印发的《专利转化运用专项行动方案（2023—2025 年）》决策部署，建立完善财政资助科研项目形成知识产权的声明制度，支撑财政资助科研项目形成专利（含国防专利）（以下统称财政科研项目专利）的质量监测、绩效分析和科学管理，制定如下实施方案。

一、总体要求

以习近平新时代中国特色社会主义思想为指导，深入贯彻落实党的二十大和二十届二中全会精神，完整、准确、全面贯彻新发展理念，统筹发展和安全，健全新型举国体制，按照知识产权强国建设和科技体制改革的有关部署，建立完善财政资助科研项目形成知识产权的声明制度，推动强化关键领域重大科技攻关项目知识产权布局，提高国家创新体系整体效能，更好支撑高水平科技自立自强。按照统筹兼顾、稳妥有序、简便易行的原则，建立财政资助科研项目形成专利的声明制度（以下简称声明制度），组织有关项目承担单位在财政科研项目专利申请环节规范声明受资助的项目信息，打通声明填写、信息采集、跟踪监测等全链条，持续跟踪分析财政科研项目专利的数量、质量、运用等情况，有效发挥专利审查对财政科研项目专利的评价和引导作用，提高项目承担单位知识产权保护意识和运用能力，不断提升财政资助科研项目的知识产权产出质量和管理水平。

二、声明制度内容、范围和要求

（一）声明内容。财政资助科研项目承担单位或个人在财政科研项目专利申请时，需在国家知识产权局专利业务办理系统（网址：http：//cponline. cnipa. gov. cn）中，对该专利申请所依托的项目类型、项目名称、项目编号等信息进行声明；其中，财政资助科研项目承担单位或个人在财政产出国防专利申请时，需在国防知识产权业务系统中，对该国防专利申请所依托的项目类型、项目名称、项目编号等信息进行声明。国防和军队建设涉密科研项目产出专利，需在国防知识产权业务系统中声明。声明信息仅作为政府管理的内部信息，暂不对外公开。

（二）项目范围。率先在中央财政投入的部分科研项目中实施，范围包括国家科技重大专项（含科技创新 2030—重大项目、重大专项接续项目、面向 2035 的重大项目等）、国家重点研发计划重点专项、国家自然科学基金项目等国家科研项目，以及国防和军队建设科研项目。后续视制度运行情况，研究逐步将项目范围扩大至其他中央部门科研项目及地方财政资助科研项目。需要声明的财政资助科研项目范围发生调整的，国家知识产权局会同相关部门及时向社会公布。

（三）管理要求。

1. 提交财政科研项目专利的项目承担单位或个人需要在专利申请受理后进行声明；如专利申请已受理尚未授权，需在 2024 年 6 月 30 日前集中补充提交声明；对于已授权专利可自愿声明。

2. 每个财政科研项目专利只能声明一项财政资助科研项目信息，涉及多个财政资助科研项目的，仅声明其主要资金来源的项目信息。

3. 财政科研项目专利的申请人应为项目承担单位（个人）或其赋予职务科技成果所有权的科研人员。

4. 项目承担单位应当督促本单位项目负责人、发明人或专利工作人员等参与者及时规范进行声明，项目管理专业机构应做好指导监督。未进行声明的财政科研项目专利不得作为项目结项验收的成果。

三、服务保障措施

（一）声明信息采集。财政资助科研项目的承担单位或个人按照上述要求填写声明后，国家知识产权局和国家国防专利机构负责对声明的项目名称、项目编号、申请人等信息进行采集。项目承担单位或个人对声明信息的准确性和真实性负责。对于不符合声明填写要求的不纳入财政科研项目专利范围。

（二）审查服务支撑。国家知识产权局和国家国防专利机构结合项目来源、技术领域、申请人信息、声明数量等情况，依法进行专利审查，进一步提高专利审查质量和审查效率。

（三）质量评价反馈。国家知识产权局和国家国防专利机构分别组织对财政科研项目专利的申请数量、技术领域、授权情况等进行监测评价，按照项目类别、承担单位等信息进行分类统计，定期向科技部、自然科学基金委、国家国防科工局、军队有关单位反馈专利声明信息。相关质量评价结果将作为项目验收评价和绩效分析的重要依据。

（四）运用情况跟踪。国家知识产权局和国家国防专利机构分别组织对授权后的财政科研项目专利进行持续跟踪，对维持年限以及专利转让许可、转化实施等运用情况进行分析，与科技部、自然科学基金委、国家国防科工局、军队有关单位共同推动财政科研项目专利转化运用。根据有关跟踪监测情况，进一步指导优化各类科研项目的知识产权管理。

四、工作要求

（一）加强政策引导。各有关项目管理专业机构要充分认识建立声明制度的重要意义，加强管理引导、强化工作协同、做好服务保障，将声明制度要求及相关宣传培训纳入科研项目立项、验收等管理环节，督促指导项目承担单位或个人按要求进行资助项目信息声明。各地知识产权、科技、财政部门可参照试行建立地方财政资助科研项目形成专利的声明制度，确定声明项目清单并报国家知识产权局备案。国家知识产权局将与完成备案的有关地方建立清单内项目专利声明信息的反馈机制，支持地方做好财政科研项目专利的管理和运用。

（二）健全运行机制。国家知识产权局会同相关部门和单位建立便利顺畅的声明信息采集和数据共享机制，及时开展财政科研项目专利评价监测工作，把好声明入口关和项目验收关，不断提高制度运行效率和实施效果。各有关项目管理专业机构要以声明制度实施为牵引，强化科研项目全过程知识产权管理，切实提高财政科技投入的产出绩效。

（三）强化协同运用。各地知识产权、科技部门要将财政科研项目专利作为重要的成果库，在提高专利质量的同时，做好与专利开放许可制度实施、专利转化运用专项行动方案落实等政策衔接，发挥技术转移服务体系和知识产权运营服务平台体系作用，全方位提高财政资助科研项目的知识产权运用效益。落实《中华人民共和国科学技术进步法》的相关规定，对于授权超过五年没有实施且无正当理由的财政科研项目专利，国家可以无偿实施，也可以许可他人有偿实施或无偿实施。

国家知识产权局关于确定第二批国家知识产权保护示范区建设城市（地区）的通知

国知发保字〔2024〕4号

各省、自治区、直辖市人民政府：

按照经国务院同意的《国家知识产权保护示范区建设方案》（国知发保字〔2022〕27号）有关要求，国家知识产权局会同有关部门单位完成第二批国家知识产权保护示范区建设城市（地区）遴选工作。现确定北京市海淀区、河北省石家庄市、辽宁省沈阳市、辽宁省大连市、吉林省长春市、上海市徐汇区、江苏省南通市、浙江省温州市、浙江省绍兴市、福建省福州市、山东省济南市、河南省郑州市、湖北省武汉市、湖南省长沙市和陕西省西安市为第二批国家知识产权保护示范区建设城市（地区）。

请各建设城市（地区）结合发展实际，强化整体部署，加大资源投入和条件保障，切实把党中央、国务院关于强化知识产权保护的决策部署落实到位，高质量建设国家知识产权保护示范区，带动我国知识产权保护水平整体提升。国家知识产权局将会同有关部门单位加强对示范区建设的政策支持、业务指导和监督管理。

特此通知。

国家知识产权局

2024年1月26日

国家知识产权局　教育部　科技部　工业和信息化部　农业农村部　国家卫生健康委　国务院国资委　中国科学院关于印发《高校和科研机构存量专利盘活工作方案》的通知

国知发运字〔2024〕5号

各省、自治区、直辖市和新疆生产建设兵团知识产权、教育、科技、工业和信息化、农业农村、卫生健康、国资主管部门，各国家高新区管委会，部属各高等学校、部省合建各高等学校，各中央企业，中国科学院院属各单位，各有关单位：

国家知识产权局、教育部、科技部、工业和信息化部、农业农村部、国家卫生健康委、国务院国资委、中国科学院联合制定了《高校和科研机构存量专利盘活工作方案》，现印发给你们，请遵照执行。

特此通知。

国家知识产权局　教育部
科技部　工业和信息化部
农业农村部　国家卫生健康委
国务院国资委　中国科学院
2024年1月26日

高校和科研机构存量专利盘活工作方案

为贯彻落实国务院办公厅印发的《专利转化运用专项行动方案（2023—2025年）》，做好高校和科研机构（含部分高水平医院）存量专利盘活工作，持续做优专利增量，加快专利转化和产业化，制定本工作方案。

一、总体要求

深入贯彻落实党中央、国务院关于大力推进专利产业化的决策部署，按照“全面盘点、筛选入库、市场评价、分层推广”的原则，坚持“边盘点、边推广、边转化”的工作思路，充分调动各类市场主体和专业服务机构的积极性和能动性，从盘活存量和做优增量两方面发力，在与企业有效对接的基础上引导高校和科研机构形成更多符合产业需要的高价值专利。

力争 2024 年底前，实现全国高校和科研机构未转化有效专利盘点全覆盖，2025 年底前，加速转化一批高价值专利，加快建立以产业需求为导向的专利创造和运用机制，推动高校和科研机构专利产业化率和实施率明显提高，努力促进高校和科研机构专利向现实生产力转化。

二、主要任务

（一）全面盘点，构建高校和科研机构存量专利基础库。

1. 具体任务。国家专利导航综合服务平台（以下简称综合服务平台，www. patentnavi. org. cn）根据高校和科研机构现行有效的存量专利，构建存量专利基础库。高校和科研机构对本单位 2023 年底前授权的存量专利进行全面盘点，采取发明人自评、高校和科研机构集中评价等方式，综合考虑技术成熟度、应用场景、产业化前景等因素，筛选出市场需求潜力较大、经济价值较高的专利，在综合服务平台上，按照转让、许可、自行应用或产业化等不同方式标注转化意愿并登记形成专利转化资源库，同时对已实施专利的情况进行标注。高校和科研机构也可以通过自有平台进行盘点，并将盘点结果数据按照标准格式上传至综合服务平台。2024 年及以后授权的专利，及时纳入盘点范围。高校和科研机构应当优先盘点重点产业、优势学科的发明专利。

综合服务平台为国务院有关部门、各省（自治区、直辖市）有关部门、高校和科研机构分配专用账号，提供准确、全面的存量专利基础数据，辅助高校和科研机构进行快速盘点。根据高校和科研机构盘点形成的专利转化资源库，按照产业领域、技术成熟度、产业化前景等维度进行分类展示，并为高校和科研机构提供盘点工作跟踪查询、检索、统计等服务。通过数据接口等方式，按省份推送高校和科研机构盘点筛选的可转化专利数据，支撑各省级知识产权局快速构建本省份高校和科研机构专利转化资源库。

2. 责任分工。教育部、科技部、工业和信息化部、农业农村部、国家卫生健康委、中国科学院依职责做好所属高校和科研机构存量专利盘点和转化运用的组织动员和督促指导工作。各省级知识产权局会同当地教育、科技、农业农村、卫生健康等部门，依职责做好地方所属高校和科研机构的组织动员和督促指导工作，并根据需要配合国务院有关部门做好部属高校和科研机构相关工作。高校和科研机构作为第一责任人，要建立工作协调和保障机制，明确责任部门和分工，有效发挥其内设科技成果管理部门、技术转移转化机构、高校知识产权信息服务中心的作用，充分借助知识产权公共服务机构以及市场化服务机构的力量，高质量完成存量专利的盘点、筛选等工作。国家知识产权试点示范高校在存量专利盘点和转化运用中，应当积极发挥引领示范带动作用。

3. 进度安排。自本方案印发之日起，全国高校和科研机构全面启动盘点工作，并及时筛选形成专利转化资源库。2024 年 3 月底前，国家知识产权示范高校存量专利盘点入库工作应当取得阶段性成效；2024 年 6 月底前，国家知识产权试点示范高校完成全部存量专利盘点入库，其他高校和科研机构完成 30% 以上存量专利盘点入库；2024 年底前，全国高校和科研机构完成全部存量专利盘点入库。各省（自治区、直辖市）可选取 1 至 2 家部属或地方所属高校和科研机构率先开展盘活工作，发挥典型带动作用。

（二）市场评价，丰富完善专利转化资源库。

1. 具体任务。综合服务平台根据高校和科研机构盘点形成的专利转化资源库汇总形成全国专利转化资源库。各省级知识产权局会同当地有关部门，依托综合服务平台或本省（自治区、直辖市）专利转化资源库，组织知识产权优势示范企业、专精特新中小企业、高新技术企业、国有企业等各类经营主体，对专利的产业化前景、技术改进需求和产学研合作意愿等进行评估，并按照标准格式将评估结果及时反馈至综合服务平台，丰富完善各省（自治区、直辖市）专利转化资源库。综合服务平台通过数据接口等方式向各省（自治区、直辖市）推送共享全国可转化的专利数据，便于各地组织对接推广。

为支持各地做好企业需求端的评价工作，综合服务平台按产业领域组建专利评价专家库，并向各省（自治区、直辖市）开放共享。各省级知识产权局会同当地有关部门，组织本省（自治区、直辖市）相关企业在综合服务平台注册，并推荐懂技术和产品的专家入库。综合服务平台按照产业分类、技术领域等维度，向企业及时匹配推送重点产业领域、高校和科研机构的可转化的专利数据，由企业组织自评或者组织入库专家进行评估，并按照标准格式将评估结果及时反馈综合服务平台。综合服务平台将反馈的评估结果通过数据接口等方式按省份分发推送，支持各省（自治区、直辖市）丰富完善本省份的专利转化资源库。

2. 责任分工。国务院国资委组织中央企业在综合服务平台注册账号，各省级知识产权局会同当地工业和信息化部门负责辖区内知识产权优势示范企业、专精特新中小企业、高新技术企业等各类经营主体的组织动员和督促指导工作。企业要认真做好专利评价反馈工作，确保相关工作的质量。

3. 进度安排。2024 年 4 月底前，完成专利评价专家库建设，各省（自治区、直辖市）可转化专利的企业评价工作取得阶段性进展；2024 年底前，各地可转化专利的企业评价工作基本完成，并持续完善专利转化资源库。

（三）分类施策，推动高价值专利落地转化。

1. 具体任务。各级知识产权管理部门会同当地相关部门，依托综合服务平台上的专利转化资源库或本省份专利转化资源库，组织高校和科研机构与企业开展常态化对接推广。各相关行业协会、知识产权运营服务平台（中心）、技术转移转化机构等积极参与，开展技术验证和熟化、路演推介、交易撮合等活动。针对高价值专利，匹配投资机构对接、专利质押融资和保险、企业上市知识产权专项服务等优质资源，推动实现快速转化；对重点产业的高价值专利，鼓励高校和科研机构遵循市场化原则参与相关专利池建设运营。对于应用广泛、适于多方实施的专利，指导高校和科研机构进行开放许可。倡导高校和科研机构采取普通许可方式、入门费加提成或者分期付款的许可费支付方式与企业达成许可协议，以及对实用新型和外观设计专利开展专利权稳定性分析，降低企业实施风险和成本。高校和科研机构要认真梳理和调整完善专利转化相关内部制度规定，畅通存量专利转化运用途径。

存量专利完成转让许可的，高校和科研机构要及时依法依规办理转让登记或许可合同备案手续，并在综合服务平台反馈交易信息。存量专利转让许可至企业后实现产业化的，企业要及时在国家专利密集型产品备案认定试点平台备案。

2. 责任分工。各级知识产权管理部门会同当地相关部门，积极调动各类资源，组织企业与高校和科研机构进行对接和产业化合作。高校和科研机构要充分利用政府部门搭建的对接渠道和匹配的优质资源，做好高价值专利的快速转化。

3. 进度安排。2024 年 6 月底前，各省（自治区、直辖市）按照“边盘点、边推广、边转化”的要求，全面启动高价值专利线上线下推广工作，同时选取若干高价值专利项目予以重点推广，发挥典型带动作用，及时总结存量专利转化的有效模式并复制推广。

（四）精准对接，以市场需求为导向做优专利增量。

1. 具体任务。综合服务平台将企业的评估信息及时反馈至高校和科研机构。高校和科研机构可根据企业反馈的技术改进需求和产学研合作需求，特别是关键核心技术攻关、具有重大应用前景的原创技术等重点需求，对相关专利技术进行改进，或与企业联合攻关，开展订单式研发和投放式创新，布局更多符合产业需求的高价值专利。

高校和科研机构要牢固树立以转化运用为目的的专利工作导向，综合考量转化潜力、商业价值和维护成本等，建立健全以产业化前景分析为核心的专利申请前评估制度，从源头上提升专利质量。严格规制非正常专利申请行为，按照有关文件规定，停止对专利申请的资助奖励，大幅减少并逐步取消对专利授权的奖励，主要通过转化收益等方式对发明人或研发团队予以奖励。探索科技成果管理新模式，建立健全专利转化的尽职免责相关制度规定，以及与容错机制相配套的相关制度规定。

高校和科研机构要落实财政资助科研项目形成的专利声明制度。承担财政资助科研项目的，应在提交专利申请时对依托的项目信息进行声明；对于授权超过 5 年没有实施且无正当理由的专利，国家可以无偿实施，也可以许可企业等主体有偿或无偿实施，促进高价值专利的产出和实施。

2. 责任分工。教育部、科技部、工业和信息化部、农业农村部、国家卫生健康委、国家知识产权局、中国科学院负责优化调整相关政策和管理制度，突出专利质量和产业化导向，将专利转化效益纳入高校和科研机构学科评价、机构评估、项目评审、人才评价、职称评定等评价指标。各省级知识产权局会同当地相关部门认真贯彻落实国家相关政策，不断完善相关激励政策。

3. 进度安排。持续推动。

三、组织实施

（一）加强组织调度。国家知识产权局、教育部、科技部、工业和信息化部、农业农村部、国家卫生健康委、国务院国资委、中国科学院要加强统筹协调、政策协同和服务指导，及时研究解决重点难点问题。各省级知识产权局要在当地党委、政府的领导下，充分发挥知识产权强国建设工作联席会议制度和专利转化运用专项行动推进机制的作用，会同当地相关部门做好组织实施各项工作，广泛组织动员高校和科研机构、企业积极参与，确保高校和科研机构存量专利盘活工作取得实效。高校和科研机构要切实履行存量专利盘点和转化运用的主体责任，及时准确填报相关数据。请各省（自治区、直辖市）教育、科技、工业和信息化、农业农村、卫生健康、知识产权等相关部门于 2024 年 2 月 5 日前将联系人信息分别报送至相应的国务院主管部门。请各省级知识产权局于 2024 年 2 月底前将具体实施工作方案报送至国家知识产权局，及时报送在盘点评价、转化运用过程中的有益经验、典型案例和存在问题。

（二）强化激励约束。各省（自治区、直辖市）相关工作举措和实施成效将作为专利转化运用专项行动绩效考核的重要内容，并作为中央财政资金支持的主要依据。知识产权强国建设试点示范市县和企事业单位，知识产权运营服务平台（中心）和公共服务机构等在存量专利盘活工作中的成效，将作为相关考核评价的重要因素。国务院有关部门要加强政策激励，对成效突出的高校和科研机构，在专利奖推荐名额、知识产权专员派驻等方面予以倾斜；对成效突出、符合条件的企业，优先纳入专利产业化促进中小企业成长计划，并在“科技产业金融一体化”专项中开展硬科技属性评价和上市培育。国务院有关部门和各省（自治区、直辖市）有关部门要结合自身实际，按规定对成效突出的单位和个人给予通报表扬，在项目安排、奖补支持、奖项申报、评优评先等方面予以优先支持。

（三）做好宣传培训。国务院有关部门和各地方要充分利用新闻媒体、政府网站、政务微信微博等方式，加强对方案的宣传解读，持续扩大参与主体的覆盖面。各地要根据方案实施的重要节点和反映的问题，通过专题解读、在线课程、集中培训等方式，及时答疑释惑，形成各方高效联动、稳妥有序推进的工作局面。

（四）加强监测评价。国家知识产权局指导综合服务平台做好数据安全管理、盘活工作支撑保障等相关工作，定期监测各地高校和科研机构存量专利盘点、企业评价反馈、推广应用等情况，并随机进行抽查监督。国家知识产权局建立相关数据通报反馈机制，按季度统计专利转让登记、许可合同备案、专利实施率、专利产业化率、专利产品备案等数据，及时向国务院有关部门和各省级知识产权局反馈，并作为各省（自治区、直辖市）实施成效的重要评价指标。

国家知识产权局　工业和信息化部　中国人民银行
国家金融监督管理总局　中国证券监督管理委员会
关于印发《专利产业化促进中小企业成长计划实施方案》的通知

国知发运字〔2024〕6号

各省、自治区、直辖市和新疆生产建设兵团知识产权管理部门，工业和信息化主管部门，中国人民银行各分行，金融监管总局各监管局，中国证监会各监管局，各银行业金融机构：

为贯彻落实中共中央、国务院印发的《知识产权强国建设纲要（2021—2035年）》和国务院印发的《“十四五”国家知识产权保护和运用规划》部署，推进落实国务院办公厅印发的《专利转化运用专项行动方案（2023—2025年）》有关专项任务，决定实施专利产业化促进中小企业成长计划，现将《专利产业化促进中小企业成长计划实施方案》印发给你们，请结合实际，认真遵照执行。请各地方知识产权管理部门会同相关部门，组织相关企业登录中小企业专利产业化系统（网址：smes. patentnavi. org. cn）进行申报，并于 2024 年 6 月 15 日前在系统内完成企业推荐工作。

特此通知。

国家知识产权局　工业和信息化部
中国人民银行　国家金融监督管理总局
中国证券监督管理委员会
2024 年 2 月 27 日

专利产业化促进中小企业成长计划实施方案

为贯彻落实国务院办公厅印发的《专利转化运用专项行动方案（2023—2025 年）》（以下简称《行动方案》），聚焦以专利产业化促进中小企业成长，加快推动专利技术转化为现实生产力，切实将专利制度功能转化为创新发展强大动能，制定本方案。

一、工作目标

按照《行动方案》总体部署，以专利产业化为主线，强化知识产权普惠服务，普遍提升中小企业专利产业化能力水平；加大政策支持力度，推动中小企业创新发展，引导培育一批掌握关键核心技术、具备专利产业化优势的企业，为实现高水平科技自立自强和高质量发展奠基赋能。

到 2025 年底，中小企业知识产权意识和专利转化运用能力得到普遍提升，培育一批以专利产业化为成长路径的样板企业，从中打造一批专精特新“小巨人”企业和单项冠军企业，加速形成重点产业领域知识产权竞争新优势；助推一批符合条件的企业成功上市。形成一批具有市场竞争力的专利密集型产品，大力推动专利密集型产业快速发展。

二、重点任务

以全链条服务为理念，推动专利链与创新链产业链资金链人才链融通发展，加速知识、技术、资金、人才等要素向中小企业集聚，形成以专利产业化促进中小企业成长的发展路径。

（一）*融通创新链，加强专利技术对接和研发。*引导中小企业深度参与高校和科研机构存量专利盘活工作，推动企业需求与技术供给精准匹配、有效对接。以产业需求为导向，推动中小企业与高校、科研机构产学研深度合作，清晰界定权属关系，充分发挥知识产权服务机构作用，围绕关键核心技术攻关和技术升级，加快培育高价值专利或者专利组合，不断提升中小企业创新效能。

（二）*融入产业链，扩大专利产业化规模和效益。*推动大中小企业融通发展，支持具有专利技术特长的中小企业入链融链。支持中小企业参与产业专利池运营，探索利用专利开源等转化运用新模式，加快形成产业链知识产权协同发展机制。引导支持中小企业加速技术升级迭代，形成专利密集型产品，创立知名商标品牌，提高产品附加值和竞争力，实现专利技术产品化、品牌化、规模化发展。

（三）畅通资金链，强化专利产业化投融资支持。健全知识产权评估体系，鼓励支持运用大数据、人工智能等手段，开发科学可靠的评估工具，为专利产业化投融资提供基础支撑。强化知识产权增信功能，畅通中小企业知识产权质押等融资渠道，发挥政府引导基金的作用，有效利用区域性股权市场等投融资平台，多种途径解决中小企业专利产业化资金需求。加大对拟上市企业知识产权服务力度，有效降低上市过程中的知识产权风险。

（四）筑强人才链，提升中小企业知识产权和创新能力。鼓励有条件的中小企业围绕专利产业化项目和创新需求，积极引进高水平科技人才，努力打造结构合理、支撑有力的科研团队。支持中小企业培养复合型实用型知识产权人才，为专利转化运用和知识产权管理提供智力支持。推动各级各类服务机构不断提升能力素质，有力支撑中小企业创新发展。

（五）打通服务链，提高专利产业化全流程服务效能。围绕专利产业化全流程，汇聚咨询、培训、检索分析、评估、交易等服务资源，发挥公共服务与市场化服务的叠加效应，探索构建供需匹配、精准对接、协同高效、运行顺畅的专利产业化服务体系。

三、普惠服务

围绕中小企业创新发展需求，完善专利转化运用服务链条，强化知识产权公共服务普惠供给，夯实中小企业专利产业化基础。

（一）普及推广知识产权信息公共服务产品。加强知识产权公共服务产品供给，引导企业依托国家知识产权公共服务网，用好专利业务办理系统、外观设计专利检索公共服务系统、重点产业专利信息服务平台、知识产权数据资源公共服务系统等信息公共服务产品。支持建设一批重点产业专题数据库，为企业提供高质量的信息服务支撑。

（二）发挥知识产权公共服务体系作用。组织引导各级各类知识产权公共服务机构充分发挥自身资源优势和服务特长，为技术研发、转化对接、专利布局等提供基础服务支撑，帮助中小企业对接更多适用、优质专利技术，有效匹配中小企业需求。加强中小企业知识产权业务培训指导，提高企业专利信息利用能力。

（三）提升区域知识产权综合服务效能。国家知识产权保护示范区，知识产权强国建设试点示范市、县、园区，要充分利用知识产权保护中心、服务业集聚区、业务受理窗口、区域和产业知识产权运营中心、专利导航服务基地、商标品牌指导站等平台载体，为中小企业专利产业化提供政策咨询、信息服务、业务指导、能力培训等综合服务。充分发挥知识产权公共服务信息采集点作用，探索建立公共服务常态化政企沟通机制。

四、样板培育

在做好知识产权普惠服务的基础上，筛选一批高成长性的中小企业，开展重点培育，打造以专利产业化为成长路径的中小企业样板。

（一）建立专利产业化样板企业培育库。面向高新技术、专精特新等中小企业，由省级知识产权管理部门会同相关主管部门筛选一批具有技术研发能力和专利产业化基础的高成长性企业，建立专利产业化样板企业培育库（基本标准见附件）。每个省份推荐入库企业数量一般不超过300家，对有计划单列市或者高新技术、专精特新等企业数量较多的省份，推荐入库企业数量不超过500家。

（二）建立入库企业动态调整机制。

1. 出库标准。经过一段时间重点培育，切实达到以科技创新为动力、以专利产业化为成长路径的示范效果。专利产业化率明显提升，新增1件以上专利密集型产品，或者已获认定的专利密集型产品年销售额及利润均实现较大幅度增长。

2. 滚动培育。各省份可在培育出库企业数量的2倍以内，增补符合条件的企业入库，开展滚动培育。面向出库后的样板企业开展接续培育，助推形成一批专精特新“小巨人”企业和单项冠军企业。

3. 退出机制。入库企业2年内未取得专利产业化实质性进展，或者出现重大安全事故，以及严重失信、偷漏税、数据造假、非正常申请专利等违法违规行为的，予以退库处理。

五、政策支持

围绕专利产业化重点任务，面向入库企业按需匹配支持政策，助力中小企业创新发展。

（一）强化知识产权相关政策支持。指导各地国家级知识产权保护中心将符合条件的企业纳入备案名单，按领域范围提供专利预审服务；加大专利优先审查政策的支持力度。指导国家级、省级专利导航服务基地、国家级专利导航工程支撑服务机构等，组织实施并推广符合企业共性需求的公益类专利导航项目。结合高校和科研机构存量专利盘活工作，组织国家专利导航综合服务平台、区域性股权市场等功能性平台及区域、产业知识产权运营中心，为企业精准推送相关专利技术信息，搭建转化对接平台，做好专利转化相关服务工作。（国家知识产权局、中国证监会，各地方知识产权管理部门、中国证监会各监管局）

（二）助推专利技术产品化产业化。鼓励支持国家制造业创新中心、先进制造业集群、中小企业特色产业集群、国家新型工业化产业示范基地等，为企业提供专利技术成果概念验证、中试等服务支撑，加大各级各类产业园区、孵化器等建设力度，加快专利产业化应用，形成具有技术优势的专利密集型产品。鼓励支持各类展会论坛、创新创业大赛等活动，对企业专利密集型产品进行广泛宣传，支持企业打造新品新牌、国货潮牌，提升企业品牌竞争优势，扩大专利产业化规模效益。（国家知识产权局、工业和信息化部，各地方知识产权管理部门、工业和信息化主管部门）

（三）加大投融资精准服务力度。推广应用《专利评估指引》国家标准，推进银行内部评估试点。支持银行业金融机构通过单列信贷额度、优化审批流程等方式，实现快评快贷，充分利用风险补偿机制，提高企业知识产权质押融资效率和规模。面向银行业金融机构推送入库企业名单，在业务范围内为符合条件的企业提供低成本中长期专项资金支持。开展“一月一链”投融资路演活动，帮助企业对接更多优质投资机构。鼓励中小企业发展基金、知识产权运营基金等政府引导基金，主动对接企业，发挥领投作用，加强天使投资、创业投资等对入库企业的支持力度，完善项目投后管理和服务指导机制。探索政府引导基金等通过优先股的形式投资入库企业，将优先股在区域性股权市场登记存管。鼓励支持以“科技成果+认股权”方式入股企业。（国家知识产权局、工业和信息化部、中国人民银行、金融监管总局、中国证监会，各地方知识产权管理部门、工业和信息化主管部门、中国人民银行各分行、金融监

管总局各监管局、中国证监会各监管局、各银行业金融机构）

（四）提高资本市场服务赋能水平。支持入库企业进入区域性股权市场规范培育，整合政府和市场各方资源，发挥区域性股权市场资源配置、初步价值发现及上市培育孵化功能，提供股份改制、财务顾问、股权融资、上市辅导、多元化金融支持等系列服务，适时开展创业债权试点和天使投资人备案。建立区域性股权市场与全国性证券交易场所的产品衔接和制度性对接机制，支持企业发展壮大加快进入全国性资本市场。集成知识产权公共服务资源和专业服务力量，打造一批服务于资本市场的知识产权专业服务机构，为企业提供知识产权合规辅导等专业服务，有效降低上市过程中的知识产权风险。（国家知识产权局、中国证监会，各地方知识产权管理部门、中国证监会各监管局）

六、组织实施

（一）加强组织协调。国家知识产权局联合工业和信息化部、中国人民银行、金融监管总局、中国证监会等部门加强组织调度和跟踪指导，推动各项支持政策和服务措施落实落细落地。地方各相关部门要充分发挥专利转化运用专项行动推进机制作用，细化支持举措、责任分工和进度安排，强化本实施方案与高校和科研机构存量专利盘活、产业知识产权强链增效等重点任务的有序衔接，高效协同、政策联动，确保取得实效。

（二）加大投入力度。利用中央财政资金支持渠道，充分发挥相关政府引导基金作用，加强对中小企业专利产业化的投入保障。各省市相关部门要争取地方政府加大配套资金支持力度，引导带动社会多元化投入，推动专利产业化促进中小企业快速成长。

（三）加强监测评价。各地方知识产权管理部门要会同相关部门，认真研究解决专利产业化推进过程中的困难和问题，对重大问题要及时上报。国家知识产权局会同相关部门加强跟踪监测，对企业和地方上报信息开展核查抽查，并按年度进行绩效评价，做到专利产业化促进中小企业成长的效果可检验、可评价、可感知。有关绩效评价结果将作为相关评估评价和资金支持的重要依据。

（四）加强宣传推广。各级知识产权管理部门会同相关部门，支持建立中小企业专利产业化经验交流会商机制，认真总结专利产业化典型案例和成功模式，形成可复制可推广的经验，加大宣传推广力度，营造以专利产业化促进中小企业成长的良好氛围和工作合力。

附件：入库企业基本标准

附件

入库企业基本标准

1. 在中华人民共和国境内注册登记、具有独立法人资格、符合《中小企业划型标准规定》的中小企业；

2. 原则上应具备专精特新中小企业、高新技术企业或各级知识产权优势示范企业、工业企业知识产权运用试点单位等资格；

3. 主营业务原则上属于专利密集型产业；

4. 主营产品的核心功能、制造方法等具有自研或引进的核心专利技术，原则上应按照《国家知识产权局办公室关于组织开展专利产品备案工作的通知》（国知办函运字〔2022〕985 号）规定完成专利产品备案；

5. 专利产业化率不低于 50%；

6. 上年度研发投入占营业收入总额比重不低于 10% 或不低于 500 万元；

7. 有稳定的科研带头人和研发团队，研发人员占企业职工总数比重不低于 20% 或与高校、科研机构建立稳定的产学研合作机制；

8. 拥有自主商标品牌，具有一定的品牌影响力；

9. 具备涵盖制度、机构、人员、保障等较为完善的知识产权管理体系；

10. 无非正常申请专利行为和各类重大事故、违法违规及严重失信等情况。

国家知识产权局关于印发《推动知识产权高质量发展年度工作指引（2024）》的通知

国知发运字〔2024〕7 号

各省、自治区、直辖市和新疆生产建设兵团知识产权局，各地方有关中心；国家知识产权局局机关各部门，专利局各部门，商标局，局其他直属单位、各社会团体：

现将《推动知识产权高质量发展年度工作指引（2024）》印发给你们，请结合实际认真贯彻落实。

特此通知。

国家知识产权局

2024 年 3 月 29 日

推动知识产权高质量发展年度工作指引（2024）

为进一步做好 2024 年知识产权工作，加快推动知识产权高质量发展，特制定本指引。

一、总体要求

（一）指导思想。坚持以习近平新时代中国特色社会主义思想为指导，认真贯彻党的二十大、二十届二中全会精神和中央经济工作会议精神，全面落实党中央、国务院决策部署，坚持稳中求进、以进促稳、先立后破，深入实施《知识产权强国建设纲要（2021—2035年）》（以下简称《纲要》）和《“十四五”国家知识产权保护和运用规划》（以下简称《规划》），加快推动《专利转化运用专项行动方案（2023—2025年）》落实，以知识产权源头保护为基础，以转化运用为牵引，以机构改革为契机，全面强化知识产权创造、运用、保护、管理和服务工作链条，更大力度加强知识产权保护国际合作，着力推动知识产权高质量发展，努力开创知识产权事业发展新局面，更好服务社会主义现代化强国建设。

（二）主要目标。2024年底，知识产权强国建设目标任务扎实推进，知识产权法治保障持续加强，知识产权转化运用效益加速显现，带动牵引知识产权创造质量稳步提升、保护全面加强、公共服务体系不断健全，国际合作和竞争深化拓展，为扎实推进中国式现代化提供有力支撑，更好服务经济社会高质量发展。

——知识产权创造。建立完善以运用为导向提升专利申请质量的激励政策和机制。知识产权审查质量和审查效率持续提升，支撑关键核心技术攻关和重点产业高质量发展的审查机制更加健全。发明专利平均审查周期压减到15.5个月左右，商标注册申请平均审查周期稳定在4个月。

——知识产权运用。全面推进专利转化运用专项行动，力争年底前实现全国高校和科研机构未转化有效专利盘点全覆盖，一批高价值专利实现快速转化，知识产权质押融资规模和惠及中小企业数量增长10%以上，全国专利密集型产业增加值占国内生产总值比重稳步提高。

——知识产权保护。知识产权保护体系更加完善，保护示范区建设持续深化，新建一批知识产权保护中心和快速维权中心，完善海外知识产权纠纷应对指导网络，知识产权保护满意度持续保持较高水平。

——知识产权管理。知识产权强省强市建设深入推进，局省市协同联动工作机制持续优化。地方知识产权管理体制更加完善。知识产权领域中央与地方财政事权和支出责任划分改革工作稳步推进。

——知识产权服务。深入实施知识产权公共服务普惠工程，地市级综合性知识产权公共服务机构和国家级知识产权重要服务网点规模分别达到172家、460家。建成国家知识产权保护信息平台。新建设国家知识产权服务业集聚区10家左右。

二、强化知识产权高质量发展指标引领

（三）发挥知识产权高质量发展指标引导作用。坚持质量和价值导向，加强《纲要》和《规划》指标分类指导，促进知识产权质的有效提升和量的合理增长。做好“十四五”知识产权规划指标年度统计监测。开展反映知识产权质量效益的“十五五”规划指标研究储备。持续做好国家高质量发展综合绩效评价中专利指标评价工作。（战略规划司负责）扎实做好世界银行新一轮全球营商环境评估知识产权相关迎评工作。（公共服务司负责）

（四）强化提升专利质量促进专利产业化的指标导向。推动在涉及专利指标的项目评审、机构评估、企业认定、人才评价、职称评定等工作中，将专利转化运用作为重要评价指标标准。（保护司、运用促进司、人事司，专利局人教部等按职责分工负责）持续严格规范非正常专利申请和商标恶意注册行为，加强审查授权质量保障和业务指导，从源头上严格把控质量关口。（保护司，专利局审业部，商标局等按职责分工负责）各地区在涉及专利的考核中，要突出专利质量和转化运用导向，引导各类创新主体提高专利质量效益。（各地方知识产权局负责）

三、优化知识产权高质量发展政策体系

（五）加强法治保障和宏观政策供给。大力推进法治建设，深入宣传贯彻新修改的《中华人民共和国专利法实施细则》和《专利审查指南》。加快推进商标法及其实施条例新一轮修订、地理标志专门立法研究和《集成电路布图设计保护条例》修改论证。有效落实《地理标志产品保护办法》和《集体商标、证明商标注册和管理规定》。完成《国家知识产权局行政复议规程》修改。持续加强知识产权地方立法工作指导。（条法司负责）持续推进《商标审查审理指南》动态修改。（商标局负责）推动构建数据知识产权保护规则，研究制定数据知识产权政策文件，深化地方试点。（战略规划司负责）加强知识产权宏观政策供给，对具有普遍性和制度性的关键性问题开展深入分析和调查研究。围绕知识产权助力打造新质生产力，谋划研究一批针对性强的储备政策。（局机关各部门按职责分工负责）

（六）完善知识产权运用促进政策。深入实施专利转化运用专项行动，制订 2024 年推进工作计划，遴选一批专利转化运用先进经验和典型案例。落实《高校和科研机构存量专利盘活工作方案》部署，聚焦大力促进专利产业化，推动高校和科研机构高价值专利与企业精准对接、加速转化。实施专利产业化促进中小企业成长计划，加速知识、技术、资金、人才等要素向中小企业集聚，打造专利产业化样板企业。实施产业知识产权强链增效工程，健全重点产业链知识产权协同发展机制，支持探索建设运营重点产业专利池。加强关键核心技术攻关服务支撑，优化专利导航服务，助力高水平科技自立自强。培育推广专利密集型产品，助力专利密集型产业发展。探索开展知识产权金融生态综合试验区建设，更好发挥知识产权金融支持科技创新和实体经济发展的作用。全面实施专利开放许可制度，鼓励探索专利开源。启动实施财政资助科研项目形成专利的声明制度。深入实施商标品牌价值提升行动和地理标志助力乡村振兴行动，提高供给质量，促进扩大内需。（运用促进司负责）

（七）健全知识产权保护政策。深入落实《关于强化知识产权保护的意见》及其推进计划，研究出台《知识产权保护体系建设工作实施方案》。会同有关部门做好国家知识产权保护示范区建设工作，完成首批示范区建设中期评估，做好第二批示范区建设动员部署。推进完善知识产权快速协同保护体系，有序新建一批国家级知识产权保护中心和快速维权中心。推进知识产权纠纷快速处理试点工作。研究制定专利纠纷行政裁决和调解办法，加强重大专利侵权纠纷和药品专利纠纷早期解决机制行政裁决办案工作。研究制定关于加强涉外知识产权保护工作的意见。启动实施地理标志保护工程，推进地理标志统一认定制度实施方案发布实施。（保护司负责）

（八）提升知识产权公共服务效能。印发进一步优化知识产权领域营商环境的政策文件。深入实施知识产权公共服务普惠工程，加强公共服务机构分类指导，开展第二批知识产权公共服务标准化城市试点。在强化知识产权保护、示范区建设、推动专利转移转化、推动产业发展强链增效等知识产权工作全链条方面发挥服务支撑作用。强化重点领域知识产权公共服务支撑，围绕服务国家战略科技力量，推动建立与国家关键技术领域创新主体的清单式、常态化知识产权数据供需对接和信息服务机制。加快建设国家知识产权保护信息平台，健全知识产权数据资源名录，持续优化知识产权信息公共服务产品和工具。新建基因技术、量子信息、航空航天、医疗装备、新材料等5个国家重点产业专利专题数据库，支撑原创性、引领性科技攻关和基础研究。（公共服务司负责）出台以质量为导向的代理服务招标指引，深入开展转化运用服务精准对接活动，加快推进知识产权服务业集聚区和出口基地建设。持续开展专项行动，健全专利商标代理质量监测和信用评价机制。（运用促进司负责）

（九）统筹知识产权国际合作与竞争。办好第三届“一带一路”知识产权高级别会议、中国加入《专利合作条约》体系30周年纪念活动，推动知识产权国际合作迈上新台阶。持续完善对外合作布局，深化与其他国家知识产权机构合作伙伴关系，深度参与中美欧日韩知识产权五局合作项目梳理，在合作机制调整中发挥积极作用，推动完善扩容后的金砖国家知识产权合作。持续加强中欧、中美、中日韩、中国－东盟、中国－中亚、中蒙俄、中非、中拉等国家和地区多双边合作交流。巩固和拓展专利审查高速路合作网络。（国际合作司负责）积极参与外观设计法条约、知识产权与遗传资源及相关传统知识外交会议磋商，广泛参与多边规则制定和完善。（国际合作司、条法司等按职责分工负责）

四、完善知识产权高质量发展统计监测

（十）加强专项行动重点任务成效监测。制定专利转化运用专项行动相关统计调查制度，做好行动实施成效统计分析，扎实推进高校和科研机构存量专利盘活、专利产业化、专利产业化样板企业、专利密集型产品产值等重点成效数据监测，切实抓好数据发布解读，提振发展信心、改善社会预期。（战略规划司、运用促进司等按职责分工负责）各地要深入实施专利转化运用专项行动，组织好重点成效数据的统计监测和分析上报工作。（各地方知识产权局负责）

（十一）加强知识产权统计监测发布。按照“应提供尽提供、能提供尽提供、能早提供尽早提供”的原则，进一步优化知识产权统计数据资源提供机制。（战略规划司负责）完善知识产权国际化统计分析，加强知识产权进出口贸易、海外发明专利授权统计监测，持续开展共建“一带一路”及《区域全面经济伙伴关系协定》国家专利统计分析。联合美欧日韩发布世界五大知识产权局统计报告，推进绿色专利统计监测五局合作。（战略规划司、国际合作司等按职责分工负责）加强现代化产业体系知识产权统计分析，开展专利密集型产业统计监测，做好战略性新兴产业、数字经济核心产业专利统计分析，发布数字经济核心产业专利统计分析报告。聚焦数字化、绿色化发展，开展人工智能、高端芯片、量子信息等关键数字技术及绿色技术专利统计分析，发布2024年中英文版全球绿色低碳技术专利统计分析报告。完善专利申请质量监测指标体系，加强统计监测反馈。（战略规划司负责）各地要因地制宜开展特色产业专利统计分析，做好本地区知识产权统计数据分级管理，认真分析相关反馈数据，加强质量统计监测，及时预警报送相关工作情况。（各地方知识产权局负责）

五、工作要求

要高度重视，加强组织领导，抓好工作落实。各地方重要工作进展及时报送国家知识产权局。

附件：2024年推动知识产权高质量发展任务清单（略）

关于开展2024年全国知识产权宣传周活动的通知

国知发办字〔2024〕8号

各省、自治区、直辖市和新疆生产建设兵团党委宣传部，法院，检察院，外事办公室，发展改革委，教育厅（委、局），科技厅（委、局），工业和信息化主管部门，公安厅（局），司法厅（局），农业农村厅（委），商务主管部门，文化和旅游厅（局），卫生健康委，国资委（局），海关总署广东分署、各直属海关，市场监管局（厅、委），知识产权局，林业和草原主管部门，科协，各地方和行业贸促会：

为全面贯彻落实党的二十大和二十届二中全会精神，深入贯彻落实习近平总书记关于知识产权工作的重要指示论述精神，全面加快知识产权强国建设，在第24个世界知识产权日来临之际，全国知识产权宣传周活动组委会决定组织开展2024年全国知识产权宣传周活动，加强知识产权保护和运用宣传教育，全面提升社会公众尊重和保护知识产权的意识。现就有关事项通知如下。

一、总体要求

以习近平新时代中国特色社会主义思想为指导，全面贯彻党的二十大和二十届二中全会精神，深入学习贯彻习近平文化思想，牢牢把握新时代新的文化使命，紧扣《知识产权强国建设纲要（2021—2035年）》（以下简称《纲要》）和《“十四五”国家知识产权保护和运用规划》（以下简称《规划》）推进实施，传播知识产权文化理念，增强全社会尊重和保护知识产权的意识，大力促进知识产权转化运用，为立足新发展阶段、贯彻新发展理念、构建新发展格局、推动高质量发展营造良好舆论氛围。

二、活动时间

2024年4月20日至26日。

三、活动主题

知识产权转化运用促进高质量发展。

四、宣传重点

（一）宣传学习贯彻习近平新时代中国特色社会主义思想。重点宣传各地区各部门在巩固拓展主题教育成果，坚决贯彻落实习近平总书记关于知识产权工作的重要指示论述，贯彻落实党中央、国务院关于知识产权工作的重大决策部署等方面取得的重要进展，不断开创知识产权领域宣传思想文化工作新局面，为加快推进知识产权事业高质量发展和知识产权强国建设凝心聚力。

（二）宣传新中国成立75周年我国知识产权事业发展成就。重点围绕党的十八大以来，我国知识产权事业发展壮大取得的突破性进展，通过学习体验、主题宣讲、公益科普、案例解读、网上宣传、群众性文化活动等形式多样、内容丰富的主题活动，激发爱国之情、砥砺强国之志、实践爱国之行，营造庆祝新中国成立75周年的浓厚社会氛围。

（三）宣传知识产权领域深入贯彻落实党中央对知识产权工作总体部署取得的成绩。围绕知识产权创造、运用、保护、管理、服务和国际合作等各方面工作，及时做好政策解读和宣传报道，集中宣传知识产权法律法规体系不断完善、《纲要》和《规划》一体推进落实、知识产权领域机构改革不断深化、专利转化运用专项行动深入实施、国家知识产权保护示范区建设高质量推进、知识产权公共服务效能更加优化、知识产权国际合作水平全面提高等重点工作进展成效。

（四）宣传知识产权制度在服务国家发展大局中的重要作用。紧紧围绕知识产权支持全面创新、促进产业转型升级、服务优化营商环境、助力畅通国内国际双循环的积极作用，坚持贴近生活、服务大众的宣传主旨，以“专精特新”、“国货潮牌”、文化精品、地标名品、数字经济等人民群众关注和熟知的知识产权元素为载体，展现知识产权制度在发展新质生产力、增强品牌竞争力、提升文化软实力、激活区域新动力、增添经济新活力等方面的重要作用。

（五）宣传知识产权法律法规、司法解释和基本知识。围绕加强知识产权保护，加大知识产权法律法规、司法解释和基本知识的普法宣传力度，挖掘典型案例、创新传播方式，生动展现知识产权强国建设的新进展新成效，对内对外讲好中国知识产权故事，增强全社会尊重和保护知识产权的意识，大力营造“尊重知识、崇尚创新、诚信守法、公平竞争”的知识产权文化氛围。

五、组织保障

各地区各部门要根据活动安排，结合实际，面向创新主体、政府人员、青少年及社会公众等不同群体，通过多种方式广泛开展知识产权宣传普及活动，增强宣传工作的针对性和实效性。要加强与全国知识产权宣传周活动组委会的沟通联系，充分利用传统媒体和新媒体平台，不断扩大宣传周活动在全国范围内的影响力、覆盖面、参与度。各地知识产权管理部门、宣传部门和市场监管部门要积极主动发挥引领带动作用，加强沟通协调，创新活动形式，扩大宣传声势，形成全国集中开展宣传周活动的良好态势。宣传周活动期间要严格落实中央八项规定及其实施细则精神，改进工作作风，注重活动内容，杜绝形式主义，厉行勤俭节约。要注重对媒体宣传、论坛活动等宣传阵地的规范管理，确保导向正确。各省级知识产权局要全面梳理活动情况、突出特色亮点、总结优秀经验，于宣传周活动结束后7个工作日内将相关总结材料报送至宣传周活动组委会办公室。

特此通知。

附件：2024年全国知识产权宣传周活动组委会成员单位

全国知识产权宣传周活动组委会主任单位

国家知识产权局　中央宣传部

市场监管总局

2024年3月21日

附件

2024 年全国知识产权宣传周活动组委会成员单位

主任单位：国家知识产权局、中央宣传部、市场监管总局

成员单位：最高人民法院、最高人民检察院、外交部、国家发展改革委、教育部、科技部、工业和信息化部、公安部、司法部、农业农村部、商务部、文化和旅游部、国家卫生健康委、国务院国资委、海关总署、国家林草局、中国科协、中国贸促会

组委会在国家知识产权局下设办公室，具体负责宣传周活动期间各项工作。

国家知识产权局关于批准成立国家地理标志产品保护示范区（福建武夷山）的通知

国知发保函字〔2024〕2 号

福建省知识产权局、福建省武夷山市人民政府：

根据国家知识产权局关于国家地理标志产品保护示范区的建设要求和《武夷山市人民政府关于申报“国家地理标志产品保护示范区（福建武夷山）”的函》（武政函〔2017〕139 号）、《关于同意筹建福建武夷山等 3 个国家地理标志产品保护示范区的函》（质检科函〔2017〕117 号），国家知识产权局结合示范区承担单位自评和评审专家组实地检查情况进行综合评审，认为国家地理标志产品保护示范区（福建武夷山）已完成示范区筹建相关工作任务，现批准成立国家地理标志产品保护示范区（福建武夷山）。

请按照《国家地理标志产品保护示范区建设管理办法（试行）》（国知办发保字〔2021〕4 号），强化地理标志保护，深化地理标志管理改革，组织好示范区建设相关单位及示范区内的行业协会和生产企业，建立示范区建设管理长效机制。结合武夷山市武夷岩茶、武夷红茶等地理标志保护工作实际，坚持高标准建设、高水平保护、高质量发展，夯实地理标志保护制度、健全地理标志工作体系、加大地理标志保护力度、强化地理标志保护宣传、加强地理标志合作共赢，在推进协同保护、保证特色质量、提升保护水平、提高保护意识、开拓市场和交流平台等方面发挥示范引领作用，贡献“三茶”统筹发展的武夷山经验，打造武夷山地理标志保护高地，充分发挥地理标志保护对促进区域经济和社会高质量发展

的推动作用。

特此通知。

国家知识产权局
2024年1月3日

国家知识产权局关于同意广州市番禺区开展国家级知识产权快速维权中心建设的批复

国知发保函字〔2024〕3号

广东省知识产权局：

《广东省知识产权局关于推荐广州市番禺区申报广州番禺（珠宝和动漫）知识产权快速维权中心的请示》（粤知〔2022〕24号）收悉。经研究，同意广州市番禺区开展国家级知识产权快速维权中心建设，待按照相关要求完成建设任务并验收合格后，认定为国家级知识产权快速维权中心，纳入全国知识产权快速协同保护工作机制，面向珠宝和动漫产业开展知识产权快速维权工作。

请根据相关要求，加快启动快速维权中心筹建工作，加强基础条件建设，确保人员、专项经费、办公场地、办公设备到位，并开展针对性业务培训；结合珠宝和动漫产业发展实际，建立知识产权快速维权各项工作制度，规范工作流程和程序。

请在6个月内完成上述工作。

特此批复。

国家知识产权局
2024年1月3日

国家知识产权局关于同意永康市、湖州市吴兴区开展国家级知识产权快速维权中心建设的批复

国知发保函字〔2024〕4 号

浙江省知识产权局：

《浙江省知识产权局关于恳请批准设立永康（五金）知识产权快速维权中心的请示》（浙知〔2021〕10 号）、《浙江省知识产权局关于恳请批准设立吴兴（时尚服饰）知识产权快速维权中心的请示》（浙知〔2023〕1 号）收悉。经研究，同意金华市永康市、湖州市吴兴区开展国家级知识产权快速维权中心建设，待按照相关要求完成建设任务并验收合格后，认定为国家级知识产权快速维权中心，纳入全国知识产权快速协同保护工作机制，分别面向五金、童装及丝绸产业开展知识产权快速维权工作。

请根据相关要求，加快启动快速维权中心筹建工作，加强基础条件建设，确保人员、专项经费、办公场地、办公设备到位，并开展针对性业务培训；分别结合五金、童装及丝绸产业发展实际，建立知识产权快速维权各项工作制度，规范工作流程和程序。

请在 6 个月内完成上述工作。

特此批复。

国家知识产权局

2024 年 1 月 3 日

国家知识产权局办公室关于印发《地理标志保护工程实施方案》的通知

国知办发保字〔2024〕1 号

各省、自治区、直辖市和新疆生产建设兵团知识产权局：

现将《地理标志保护工程实施方案》印发给你们，请结合实际认真抓好落实。

首批地理标志保护工程项目申报工作同步启动，各省级知识产权局要高度重视，组织做好项目申报工作。各省报送数量不超过2个，请于2024年3月15日前将《地理标志保护工程项目申报书》和《地理标志保护工程项目推荐信息汇总表》报送国家知识产权局知识产权保护司。

特此通知。

国家知识产权局办公室

2024年1月22日

地理标志保护工程实施方案

为深入贯彻落实中共中央、国务院印发的《知识产权强国建设纲要（2021—2035年）》和国务院印发的《"十四五"国家知识产权保护和运用规划》决策部署，按照国家知识产权局印发的《地理标志保护和运用"十四五"规划》关于"实施地理标志保护工程"的部署要求，加大对地理标志保护发展的支持力度，提升地理标志保护能力和水平，结合工作实际，制定本方案。

一、总体要求

坚持以习近平新时代中国特色社会主义思想为指导，全面贯彻党的二十大精神，认真落实习近平总书记关于加强知识产权保护工作的重要指示精神，坚持以高水平保护为主线，通过实施地理标志保护工程，布局一批引领带动性强、发展潜力大的项目，打造地理标志保护高地，充分发挥地理标志保护在发展区域特色经济、传承弘扬传统文化、助力乡村振兴、扩大对外开放等方面的重要作用，有效支撑经济社会高质量发展。

二、工作目标

打造一批地理标志保护重点产品，加强引领带动，推动地理标志保护体系进一步完善，保护能力和水平显著增强，地理标志产品特色品质持续提升，地理标志文化传承载体作用有效发挥，地理标志保护在提高人民生活品质等方面的作用更加凸显。

三、重点任务

（一）建立健全地理标志保护制度体系。推动地理标志保护地方性专门法规立项、制定和实施，建立完善地理标志保护标准体系，健全规范地理标志保护管理政策体系。制定出台有效保护措施，加强道地中药材地理标志保护。推进运用地理标志保护手段，加强非物质文化遗产知识产权保护。

（二）建立统筹协调的地理标志保护机制。协调推动专门保护和商标保护地理标志名称、保护地域范围等的统一。加强地理标志产品保护要求与以地理标志注册的集体商标、证明商标使用管理规则中的特定品质等指标的一致。加强地理标志保护与商标注册、动植物品种登记、企业名称登记等的统筹协调。探索建立地理标志产区等级划分和产品质量特色品级划分机制，科学合理设定分级指标和要求。

（三）建设地理标志重点保护资源名录。开展地理标志资源普查，采集基础信息数据及纸质、影像等代表性实物资料，系统集成地理标志名称、保护申请人、保护地域、生产加工流程、质量特色、专用标准、检验检测机构、监督管理信息。建立完善地理标志保护档案，联通市场监管、农业农村等相关部门资源数据，汇集地理标志与专用标志使用市场经营主体、相关商标注册的映射信息。

（四）强化地理标志特色质量保证控制。鼓励以区块链等技术为依托，建立来源可查、去向可追、责任可究的地理标志来源追溯机制。构建政府监管、行业协同、生产者自律的质量保证体系。推动建设特色质量检验检测机构，遴选发布机构名录，完善地理标志检验检测服务网点建设布局，引导企业自建地理标志产品检测实验室，支持第三方检测机构提供专业检测服务。

（五）加大地理标志保护监管力度。开展电商领域地理标志侵权线索网络监测，建立完善侵权投诉举报机制。结合区域性、季节性等特点，定期组织开展保护专项行动，加强市场巡查和专项执法检查，严厉打击地理标志侵权假冒行为，对相同或近似产品上使用地理标志“搭便车”行为予以规制和打击，公开发布典型案例。

（六）加快促进地理标志全面发展。加强地理标志保护工程与地理标志运用促进工程衔接。深入挖掘地理标志的历史、文化和生态价值，促进地理标志与“老字号”“非遗”等融合发展，推动打造特色地理标志文旅项目和旅游线路，开发工业旅游，探索建设地理标志旅游基地、地理标志线上线下展览馆、展示体验中心和相关主题公园等，将地理标志与农产品商贸有机结合，进一步塑造地理标志知名度。

（七）夯实地理标志基础保障。加大地理标志保护人才培养力度，组建专家团队，建立指导服务站，加强业务培训和经验交流。大力开展品牌宣传，创新宣传方式，通过制作宣传片、创建官方微信公众号和视频号、成果展示展览、学术研讨、开展进企业、进市场、进社区、进学校、进网络活动等方式，广泛宣传地理标志，加强地理标志信息传播利用，增强社会认知，提高社会意识，营造良好的地理标志保护环境和氛围。

四、组织实施

（一）建设和实施条件。拟实施地理标志保护工程项目的地理标志需获得国家地理标志产品认定保护时间超过 2 年或者地理标志作为集体商标、证明商标注册时间超过 5 年，产品质量特色优，使用地理标志专用标志的生产者生产管理规范，预期取得较高经济、社会和生态效益。国家地理标志产品保护示范区相关产品不参与保护工程项目申报。

省级知识产权管理部门负责具体组织实施保护工程，根据实施方案明确的重点任务制定本省地理标志保护工程项目实施名录和年度实施方案，明确建设目标、建设内容、时间节点、政策配套、工作考评等相关要求，组织相关市县遴选推荐地理标志保护工程项目。实施单位制定工程项目实施方案，经省级知识产权管理部门审核，报国家知识产权局批准后予以实施，一年内完成工程项目。

（二）支持方式。国家知识产权局从地理标志保护体系建设、加强快速协同保护、专业化人才培养、便利化专用标志使用核准等方面对入选项目给予业务指导和政策支持，优秀实施项目在国家地理标志产品保护示范区申报评定中予以优先考虑。各地知识产权管理部门对入选地理标志加强资源保障，积极争取有利于地理标志保护发展的政策和财政支持，组织专家对入选地理标志开展专业指导，协调各方推动解决工程实施中的重点难点问题。

五、工作要求

（一）*加强组织领导*。各地知识产权管理部门要高度重视，将地理标志保护工程实施纳入部门重点工作，制定完善相关政策措施，建立健全工作推进机制，加强部门协调联动，强化人才支持和条件保障。

（二）*加强实施管理*。省级知识产权管理部门要加强对地理标志保护工程项目实施情况的跟踪监测，相关信息和典型案例及时报送国家知识产权局。国家知识产权局组织开展验收评估，将通过验收的列入国家地理标志保护工程入选地理标志，工作成效纳入年度知识产权保护相关考核。

（三）*加强宣传总结*。充分利用各类媒体、多种渠道，加大对地理标志保护工程实施进展和工作成效的宣传，选树典型，总结推广经验做法和典型案例。

附件：1. 地理标志保护工程项目申报书（略）

2. 地理标志保护工程项目推荐信息汇总表（略）

国家知识产权局办公室关于公布2023年“知识产权服务万里行”活动优秀案例的通知

国知办函运字〔2024〕8号

各省、自治区、直辖市和新疆生产建设兵团知识产权局，各地方有关中心：

为加快落实《国家知识产权局等17部门关于加快推动知识产权服务业高质量发展的意见》（国知发运字〔2022〕47号），以高质量知识产权服务推动提升知识产权创造、运用、保护、管理水平，我局组织开展了2023年“知识产权服务万里行”（以下简称“万里行”）活动。

各地知识产权管理部门聚焦“万里行”活动五大重点任务，积极提升活动效能，涌现出一批创新举措和典型做法。一是围绕推动知识产权服务业高质量发展行动，培育壮大知识产权服务机构和人才队伍，积极引进高端服务机构、聚集国内外专家服务团队，推进知识产权业务受理窗口“一站式”服务，加快知识产权服务业集聚区和知识产权服务出口基地建设，深入开展“蓝天”专项整治，严厉打击非正常申请行为。二是围绕知识产权服务赋能创新发展行动，组织服务机构拓展创新服务模式，深入产业园区、“专精特新”中小企业开展专题培训和对接服务，组织开展专利和商标审查政策解读，宣贯《创新管理　知识产权管理指南》《企业知识产权合规管理体系　要求》，帮助企业结合实际建立完善知识产权管理体系。三是围绕知识产权服务助力产业链安全行动，聚焦创新链产业链资金链人才链融合，联合链主或龙头企业搭建创新平台，集聚技术、法律、政策方面高水平专家资源，依托专利导航基地等服务资源有效整合专利和产业数据信息，助力解决产业发展关键核心技术问题，强化产业自主知识产权创造储备。四是围绕知识产权服务促进转移转化行动，积极开展专利技术供需对接，深化专利开放许可试点工作，强化金融、银行、保险、评估、交易以及知识产权服务机构多方联动服务，打通知识产权和金融市场间的信息壁垒，畅通融资通道，探索知识产权质押融资新模式。五是围绕知识产权服务提升品牌价值行动，积极举办和参加各类展会活动，创新使用地理标志地域分布图、地理标志产品历史文化展示等多种宣传和推介形式，高标准制定地理标志产品、生产技术等标准，实现全产业链标准化，并严格监督检查，保障企业规范用标。

为巩固扩大“万里行”活动成果，传播推广创新做法和先进经验，我局组织开展了 2023 年“万里行”活动优秀案例征集和遴选工作，最终遴选出 35 个创新性强、示范性好、适合复制推广的优秀案例，现予以公布。请各地知识产权管理部门加强学习交流，不断提升精准服务对接水平，充分发挥知识产权系统政策、信息、人才的聚集优势，持续推动知识产权服务业高质量发展，形成支持全面创新的服务体系，更好支撑知识产权转化运用和经济社会高质量发展。

特此通知。

附件：2023 年“知识产权服务万里行”活动优秀案例名单（略）

国家知识产权局办公室

2024 年 1 月 3 日

统计数据

2024 年 1 ~ 3 月国内外发明专利授权统计表

按国内外 分组		当年累计 授权量/件	构成
合计	小计	251882	100.0%
	职务	247647	98.3%
	非职务	4235	1.7%
国内	小计	228257	90.6%
	职务	224305	98.3%
	非职务	3952	1.7%
国外	小计	23625	9.4%
	职务	23342	98.8%
	非职务	283	1.2%

2024 年 1 ~ 3 月国内外实用新型、外观设计专利授权统计表

按专利类型 分组		当年累计 授权量/件	构成
实用新型	小计	419451	100.0%
	职务	401242	95.7%
	非职务	18209	4.3%
	国内	418149	99.7%
	国外	1302	0.3%
外观设计	小计	146270	100.0%
	职务	107838	73.7%
	非职务	38432	26.3%
	国内	141687	96.9%
	国外	4583	3.1%

2024 年 1 ~ 3 月国内外商标注册情况统计表

按国内外分组	当年累计	
	注册量/件	构成
合计	1295464	100.0%
国内	1254249	96.8%
国外	41215	3.2%

2024 年 1 ~ 3 月地理标志业务统计表

项目	当年累计
地理标志产品保护批准数量/个	2
核准使用地理标志专用标志市场主体数量/家	615
地理标志作为集体商标、证明商标注册数量/件	65

2024 年 1 ~ 3 月集成电路布图设计登记统计表

项目	当年累计
发证数量/件	2970

图书在版编目(CIP)数据

国家知识产权局公报．2024年．第1期：总第61期/国家知识产权局办公室编．—北京：知识产权出版社，2024.4
ISBN 978-7-5130-9361-3

Ⅰ．①国…　Ⅱ．①国…　Ⅲ．①知识产权—公报—中国—2024　Ⅳ．①D923.4

中国国家版本馆CIP数据核字（2024）第092588号

内容提要

《国家知识产权局公报》是由国家知识产权局办公室编辑出版的面向国内外公开发行的政府出版物。主要刊载内容为：全国人民代表大会及其常务委员会通过的涉及知识产权的法律；国务院发布的涉及知识产权的法规和法规性文件；国家知识产权局发布的规章、公告、重要文件、统计数据以及其他需要公告的事项。本公报刊登的国家知识产权局规章、规范性文件为标准文本。

读者对象：国务院各部委（局）相关机构工作人员、相关教研机构教学研究人员及社会公众。

责任编辑：卢海鹰　王祝兰　　**责任校对**：王　岩
版式设计：王祝兰　　**责任印制**：孙婷婷

国家知识产权局公报（2024年第1期）

国家知识产权局办公室　编

出版发行：知识产权出版社有限责任公司	**网　　址**：http：//www.ipph.cn
社　　址：北京市海淀区气象路50号院	**邮　　编**：100081
责编电话：010-82000860转8555	**责编邮箱**：wzl_ipph@163.com
发行电话：010-82000860转8101/8102	**发行传真**：010-82000893/82005070/82000270
印　　刷：北京建宏印刷有限公司	**经　　销**：新华书店、各大网上书店及相关专业书店
开　　本：880mm×1230mm　1/16	**印　　张**：4.25
版　　次：2024年4月第1版	**印　　次**：2024年4月第1次印刷
字　　数：108千字	**定　　价**：5.00元

ISBN 978-7-5130-9361-3